30. 1. -89

to Captain John Andersson,
with Compliments,
Martti and Helena Koivumaa.

Tim Bird

Löytöretkellä Helsingissä

Helsinki Discoveries

Weilin + Göös

Englanninkielisestä alkutekstistä
suomentanut Tiina Lohikko

Graafinen suunnittelu
Piotr Tomaszewski/Studio Viiva

Copyright © Tim Bird ja Weilin+Göös
Reproduktio/Reproduktion:
Amer-yhtymä Oy Kiviranta
Amer-yhtymä Oy Weilin+Göösin kirjapaino
Espoo 1987

ISBN 951-35-3866-4

ämä ei ole Helsinki-opas. Tästä kirjasta ei löydy aikatauluja eikä hienojen hotellien tai ravintoloiden nimiä, sillä niitä varten on omat hyvät oppaansa. Tämä kirja kertoo kirjoittajansa vaikutelmista. Ne ovat yhden ihmisen vaikutelmia, ulkopuolisen, joka tätä kirjoittaessaan on viettänyt yli kolme vuotta hänelle vieraassa kaupungissa. Ne ovat ulkomaalaisen havaintoja ja mielipiteitä, ja kirjan tarkoituksena on selvitellä niitä, yhdistää kaikki osaset — niin hyvät kuin huonotkin — jollain tavoin toisiinsa ja muodostaa niistä kokonaisuus.

This isn't a guide to Helsinki. It won't give any timetables or tell you the names of the best hotels or restaurants. These functions are all well performed elsewhere. This is a book of impressions. They are the impressions of one individual, an outsider who, at the time of writing, has spent over three years in a city which to him is foreign. They are the observations and opinions of a visitor and comprise an attempt to make sense of a wide variety of reactions, to make a whole from them, to bring together all the elements, both good and bad, so that they relate in some way to each other.

5

Vaikutelmien koostaminen johtaa tietenkin yleistämiseen, ja vaikka yleistykset ovatkin joskus väistämättömiä, ne ovat vaarallisia. Ihmiset voivat alkaa uskoa heistä tehtyihin yleistyksiin ja käyttäytyä näin syntyneen mallin mukaan tai sitten reagoida päinvastaisella tavalla. Kaupunkia koskevat yleistykset ovat aivan yhtä petollisia — niistä on aina olemassa poikkeuksia. Siksi haluankin pyytää anteeksi kaikilta niiltä, joille en tee oikeutta: kaikki eivät varmasti käyttäydy niin kuin väitän ihmisten käyttäytyvän, ja jotkut varmasti tekevät sellaista, mitä minun mukaani kukaan ei tee. Yleistäessäni tiedän siis varsin hyvin, että kaikkein huomiotaherättävimmätkin paikalliset erityispiirteet koskevat eri ihmisiä eri tavoin ja joitain eivät lainkaan.

Olipa ulkopuolinen mitä mieltä tahansa, kaupungit elävät omin ehdoin tai pikemminkin asukkaidensa ehdoin. Kaupunkilaiset ovat tietoisia omasta kulttuuristaan ja asenteistaan riippumatta siitä, kuinka paljon vieraat kulttuurit ja asenteet niihin vaikuttavat. Kaupungit myös muuttuvat koko ajan, Helsinki nopeammin kuin monet muut. Se ei ole jälkimaailmalle säilytettävä museoesine, ja mikä Helsingissä on totta tänään saattaa jo huomenna olla toisin.

The bringing together of impressions, of course, results in generalisation, and although they are sometimes inevitable, generalisations are dangerous. People may start to believe the generalisations made about them, and may act to fit the pattern or react to show that they don't. Generalisations about a city are as dangerous as any other kind: there are always exceptions to every rule. So, my apologies to all those people who don't do what I say they do, and also to those who do what I say they don't. I shall generalise in the full knowledge that local tendencies, however prominent, are shared, if at all, to differing extents.

Whatever the views of a visitor, a city exists on its own terms, or rather on those of its citizens. They are aware of their own culture and attitudes, no matter the extent to which these are influenced by other foreign cultures and attitudes. Also a city never stays the same for long. Helsinki changes more quickly than most. It is not a museum piece preserved for posterity, and what is true of it today may not be true tomorrow.

Ulkopuolisen näkemyksiä värittävät hänen omat kokemuksensa, vaikkei näin ehkä saisikaan olla. Niinpä roomalainen haluaa kaupunkien olevan anarkistisia ja ruuhkaisia, pariisilainen kaipaa leveitä bulevardeja kahviloineen, lontoolainen taas jokivarren pubeja ja kirkkaanpunaisia busseja, ja newyorkilainen odottaa näkevänsä pilvenpiirtäjiä siellä missä onkin avointa taivasta. Nuo kaupungit ovat niin suuria, että niiden asukkaat eivät juuri tunne niitä ympäröiviä alueita. Tällainen suurkaupunki on kuin itseään jokeasti tuhoava hirviö.

Nykyaikaisten läntisten maiden pääkaupungeilla on taipumusta tällaiseen näennäiseen itseriittoisuuteen. Niiden asukkaat ovat täynnä omaa tärkeyttään. Yksi paikkansapitävä yhtäläisyys Helsingin ja muiden läntisten pääkaupunkien välillä on se, että Helsinki on joskus virkistävä, joskus raivostuttava poikkeus tästä säännöstä, kuten monista muistakin kaupunkeja koskevista säännönmukaisuuksista.

A visitor's view, rightly or wrongly is conditioned by his own experience. So a Roman wants his cities to be anarchic and packed with traffic; a Parisian will look for wide boulevards lined with cafes; a Londoner may miss his riverside pubs and ketchup-coloured buses; a New Yorker will see empty skies where he anticipates skyscrapers. And because of the size of such cities their citizens are in any case almost unaware of the hinterlands which lie beyond them. Such a city is like a self-devouring monster unable to see further than the end of its own snout.

A capital city of a modern Western country does follow this rule of apparent self-containment. Its inhabitants are submerged in the swamp of their own importance. One of the valid comparisons that can be made between Helsinki and other Western capitals is that it is a sometimes refreshing, sometimes infuriating exception to this rule and to many of the other rules that can be applied to cities.

ontoota, Pariisia ja Roomaa voidaan kuvata historian raskasta kaapua kantaviksi arvokkaiksi vanhuksiksi, kun taas Helsinkiä verhoaa nuoruuden keveä viitta. Helsingin perustamisvuosi on niinkin myöhäinen kuin 1550, eivätkä asialla silloinkaan olleet suomalaiset, vaan Ruotsin kuningas Kustaa Vaasa, sillä tuohon aikaan Suomi ei vielä ollut Suomi, vaan Ruotsi-Suomi. Kauppapaikkana Helsinki oli etelämpänä sijaitsevan Tallinnan kilpakumppani. Pääkaupunki Helsingistä tehtiin vuonna 1812. Sitä ennen pääkaupunkina oli ollut Turku, joka sijaitsee lännempänä ja lähempänä Ruotsia. Pääkaupungin siirto kuvasti vallan vaihtumista lännestä itään, Ruotsilta Venäjälle, ja oli näin ollen myös käytännön sanelema. Nykyisessä Helsingissä ei ole jäännöksiä pääkaupungiksi julistamista edeltävältä ajalta, sillä vanhat puutalot tuhoutuivat tulipalossa kauan sitten. Helsingin ja sen lähikaupunkien arkkitehtuuria verrattaessa Helsinki näyttää pieneltä Leningradin mahtavuuden rinnalla, nykyaikaisen käytännölliseltä Tukholman viehättävän Vanhan kaupungin rinnalla ja nuorelta Tallinnan Hansa-tornien varjossa, jotka ovat vain 80 kilometrin päässä Suomenlahden vastarannalla.

While London, Paris and Rome are like old women wrapped in the heavy cloak of history, Helsinki wears the lighter cape of youth. The city was founded as recently as 1550. It wasn't even founded by Finns but by the Swedish king, Gustav Vasa and was conceived as a commercial competitor for Tallinn in Estonia to the south. At that time Finland was not yet Finland but Sweden-Finland. The city replaced Turku, to the west and nearer Sweden, as Finland's capital in 1812. The move was symbolic of the shift in power from west to east, from Sweden to Russia, and practical for the same reason. There is no sign of the pre-capital Helsinki in the city as it stands today; the old wooden houses were destroyed by fire long ago. If we measure its architecture against that of neighbouring cities, we find that Helsinki is dwarfed by the grandeur of Leningrad to the east, modernly practical when placed beside Stockholm's quaint old town to the west and spanking new when viewed alongside the Hansa turrets of Tallinn, just 80 kilometres across the Gulf of Finland to the south.

Tällainen vertailu on hyödyllistä, jopa
tarpeellista. Ainakin tarpeellisempaa
kuin suomalaisten, ei vain helsinkiläis-
ten, jatkuvat ja turhat pyrkimykset löy-
tää yhtäläisyyksiä muiden kulttuureiden
ja paikkojen kanssa: Olympiastadion
on 'Helsingin Wembley', Suomenlin-
nan linnoitussaari Helsingin edustalla
'Pohjolan Gibraltar', Tampere, Suomen
toiseksi suurin kaupunki, on Manse eli
'Suomen Manchester' ja eräs opaskirja
kertoo, että Turun halki virtaa joki 'ai-
van kuin Pariisissa'. Jo se, ettei oikeassa
Manchesterissa jonoteta pubiin, osoit-
taa hyvin, kuinka ontuvia nämä ver-
taukset ovat. Tällaiset rinnastukset hei-
jastavat nopeasti kehittyneen maan ha-
lua todistella olemassaolonsa oikeutus-
ta muulle maailmalle yrittämättä sijoit-
taa itseään minkäänlaiseen kulttuurilli-
seen tai historialliseen yhteyteen.

These are useful, even necessary comparisons. More so than the constant and futile attempts of Finns, not only in Helsinki, to find parallels in other cultures or geographies with their own. 'Helsinki's Wembley' (of the Olympic stadium), the reference to Suomenlinna, the island fortress in the entrance to Helsinki's harbour, as the 'Gibraltar of the North', 'Finland's Manchester' (of Tampere, the country's second-largest city), and the observation in one guidebook that the city of Turku is divided by a river, 'like Paris': that they don't queue to get into the pubs in the real Manchester demonstrates the invalidity of such comparisons. These phrases reflect the yearning of a quickly developed country, sometimes overlooked as such abroad, to prove its worth to the rest of the world and do not indicate an attempt to put itself into any sort of cultural or historical context.

*T*ämä alemmuuskompleksi johtunee Suomen ja erityisesti Helsingin sijainnista ja suhteellisen pienestä asukasluvusta: Helsinki *on* kaukana pohjoisessa eikä väkiluku — noin 900 000 koko pääkaupunkiseudulla — ole järin suuri. Helsinki on kuitenkin kasvava kaupunki, joka sykkii omaa elämäänsä. Helsingillä on myös ollut etua siitä, ettei se ole joutunut sovittamaan yhteen vanhaa ja uutta rakentamista niin kuin monet vanhemmat kaupungit. Helsinki on käyttänyt tämän edun tehokkaasti hyväkseen.

*T*he geographical location and relatively small population of Finland in general and Helsinki in particular are explanations for this inferiority complex. Helsinki *is* farflung to the north; its population, about 900,000 for the whole metropolitan area, is not so great. But it is an expanding city, vibrant in its own manner. It has an advantage over older cities in that it has been able to avoid many of the problems of reconciling conservation with new development and it has made good use of the advantage.

Koska Helsinki on suhteellisen nuori ja monet sen asukkaista ovat lähtöisin muualta Suomesta, se tuntee usein tarvetta määritellä omaa identiteettiään. Siinä eivät ulkopuoliset mielipiteet ole aina hyödyksi. Englannista Middlesexistä kotoisin oleva D. H. Frydman, joka oli 'Suomessa vieraana 20 vuotta', kuvaili kirjeissään Suomea näin (otteet julkaistiin The Sunday Telegraph -sanomalehdessä helmikuussa 1984):

''(Suomessa) väkivaltarikokset ovat paljon tavallisempia kuin Britanniassa. Perjantai-iltana ulkomaalainen ei voi kävellä turvallisesti kaupungilla . . . Nuoria tyttöjä raiskataan usein, mutta naiset hyväksyvät tämän osana elämää . . . Rosvous ei kuulu suomalaiseen luonteeseen. Väkivalta kuuluu . . . Ulkomaalaisia suojaavaa lakia ei ole ollenkaan . . . Kaikki suomalaiset ovat hyvin epävarmoja.''

Kuvaus saa Suomen kuulostamaan hirviöiden maalta ja on niin kauhea, että se varmasti säikyttää mahdolliset turistit pois. Tämä on tietenkin täysin virheellinen ja vääristynyt kuva suomalaisesta elämästä. Suomalaisten mielestä se on niin vääristynyt, ettei se ole edes huvittava, eikä todellakaan ole rohkaisevaa, kun joutuu näkemään (D. H. Frydmanin juttu käännettiin ja julkaistiin suomalaisessa sanomalehdessä), että muun maailman käsitys suomalaisista on näin hakoteillä.

As a result of the city's relative newness and because so many of its inhabitants have moved here from other parts of Finland, Helsinki often tries to identify its own character. This process is not always helped by the impressions of outsiders. The following extracts are from a letter written by a Mr or Mrs D. H. Frydman, a 'visitor to Finland for 20 years' from Middlesex in England, and were published in the Sunday Telegraph newspaper in February 1984: (In Finland) "Violent crime is far higher than in Britain. On Friday night in the summer a foreigner cannot walk safely in the town . . . Rape of young girls is very high, but the women accept it as part of life . . . theft is not a Finnish characteristic. Violence is . . . There is no law at all protecting foreigners . . . every Finn is deeply insecure."

This is the description of a country inhabited by monsters and is sufficient to frighten away any prospective visitor. It is, of course, a totally false and inaccurate account of life anywhere in Finland. But for a Finn it is too misinformed even to be funny. And when he is trying to establish in his own mind how he fits into the rest of the world, it is not encouraging when he sees, as he does from the impressions of such as D. H. Frydman (which were translated and published in a Finnish paper), that the rest of the world perceives him so inaccurately.

S uomalaisia pidetään 'hyvin epä-
varmoina'. Helsinkiläisten sano-
taan olevan juroja ja sulkeutunei-
ta, mutta minun ensivaikutelmani
olivat aivan päinvastaiset — minä olin
ujo ja hiljainen. Kompuroidessani alas
Ruotsin laivan laskuportaita kasseineni
ja laukkuineni eräs laivan työntekijä läi-
mäytti minua reippaasti selkään ja toi-
votti minut aurinkoisesti ja kovaäänises-
ti tervetulleeksi Suomeen. Kun myö-
hemmin samana päivänä kuljeskelin
satamassa valokuvaamassa, eräs mies
huomasi minut ja kutsui veneeseensä,
josta näkisin sataman paremmin. Hän
nykäisi kipparinlakkinsa silmilleen,
työnsi pullon olutta käteeni (itse hän joi
vain vettä), tarjosi vielä savukkeita ja
ryhtyi esittelemään nähtävyyksiä puut-
teellisella englannillaan. Aurinko paistoi
kuumasti kirkkaalta taivaalta, jonka olin
odottanut olevan pilvinen. "Kaikki suo-
malaiset ovat pohjimmiltaan vanhoilli-
sia" — tämä opaskirjan lause tuli mie-
leeni, kun veneen yllä kiertelevien lok-
kien kiljaisuihin sekoittui saksofonin
avantgardejazz Esplanadin lavalta.

Deep insecurity" is something from which all Finns are supposed to suffer. Helsinki's populace has a reputation for being morose and reticent, but my own first impressions contradicted this reputation. It was I who was shy and reticent. As I stepped off the ferry from Stockholm I was patted heavily on the back by one of the ship's crew: "Welcome to Finland," he shouted, his face beaming, as I stumbled down the gangway with my bags and cases. Later that day, when I was wandering around the harbour, a man saw me taking pictures and waved me onto his yacht from where I could get a better view. Pulling his sailor's cap over his eyes, he planted a bottle of beer in my hand, although he was drinking only water, passed me a cigarette, and in broken English pointed out the different sights and landmarks. The sun was hot, filling the sky which I had expected to be filled with clouds. "All Finns are basically conservative": I remembered the phrase from the guidebook as I heard the squeaks of avant-garde saxophone jazz drifting from the bandstand in the Esplanadi park, mingling with the squawks of the seagulls swooping over the boat.

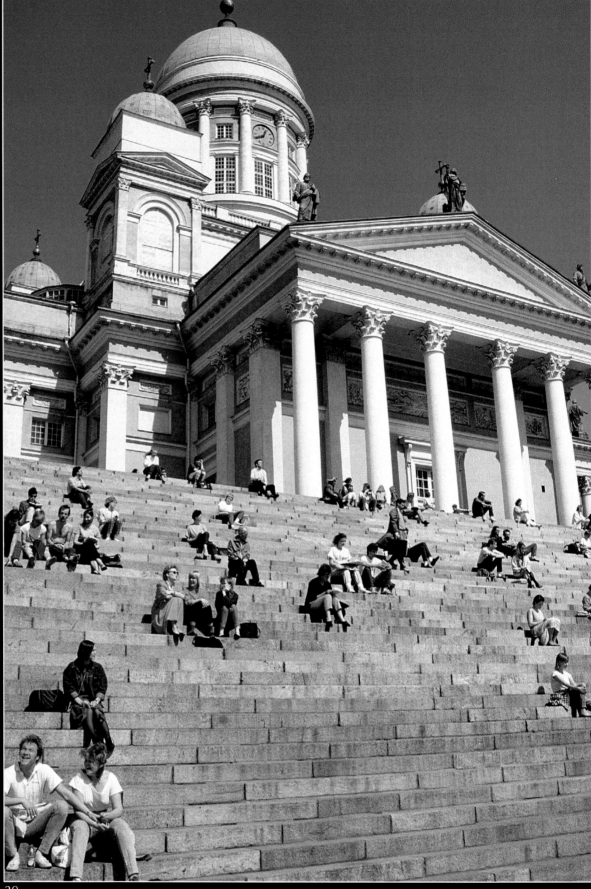

Ensivaikutelmat ovat harvoin oikeita. Minun ensivaikutelmiani vääristi se, että halusin kaupungin olevan jotenkin erikoinen ja sykähdyttävä. Olinhan tullut tänne asumaan ja työskentelemään ainakin vuodeksi. Suljin silmäni kielteisiltä asioilta tai en edes huomannut niitä. Janosin uusia, jännittäviä kokemuksia, ja tulkitsin kaiken sen mukaan. Uspenskin katedraalin sipulit saivat mielikuvitukseni lentämään (näin on käynyt monelle elokuvaohjaajallekin, joka on käyttänyt Helsinkiä korvike-Moskovana) ja niistä tuli uuden ympäristön eksoottisuuden symboli.

Todellisen eksotiikan ja aidon erilaisuuden huomasin tietysti vasta myöhemmin. Uutuuden viehätys ei kuitenkaan haihtunut, se vain sai uusia muotoja ajan mittaan. Uuden paikan ristiriitaisuudet tuntuvat silti kiehtovilta ulkopuolisin silmin. Vie oman aikansa, esimerkiksi, ennen kuin huomaa, että vain *useimmat* suomalaiset, eivät kaikki, ovat pohjimmiltaan vanhoillisia, eivätkä hekään *kaikissa* asioissa.

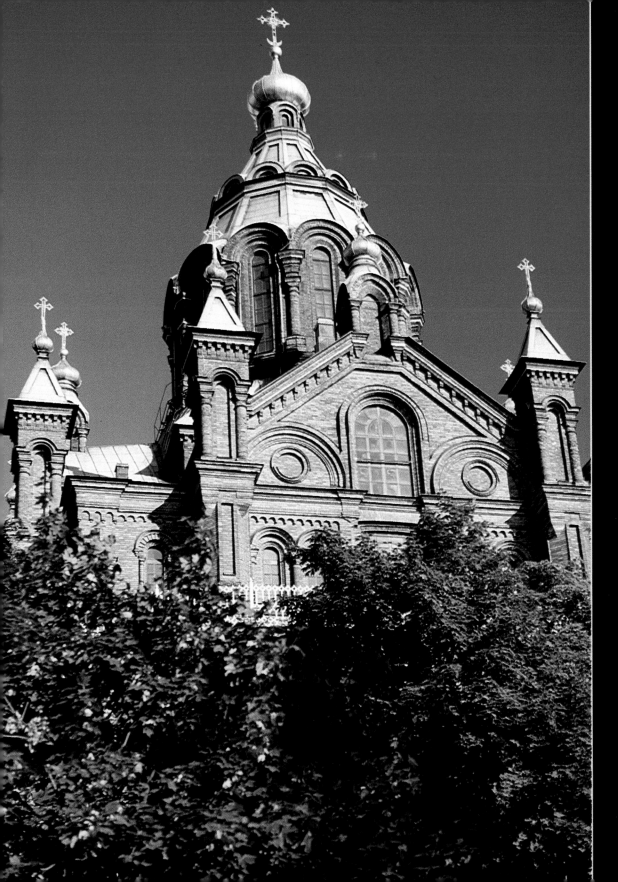

First impressions are rarely accurat
and my own were biased by my wan
ing the city to be something specia
something to write home about. I ha
after all committed myself to living an
working in Helsinki for at least a year.
turned a blind eye to anything nega
tive, or rather I registered nothing t
which a blind eye needed to b
turned. I wanted novelty and excite
ment: I interpreted everything accorc
ingly. My imagination (like that of man
film-makers who have chosen Helsinl
as their surrogate Moscow) exagge
ated the onion spires on the Uspensk
cathedral near the harbour, makin
them symbolic of the exoticism of th
new environment.

The real exoticisms and the genuin
differences, of course, only becam
apparent later. It was not to be a cas
of the novelty wearing off: it was rathe
that, in time, it began to take differer
forms. The contradictions of a nev
place are still fascinating to the visito
It takes time, for instance, to be able t
confirm that only *most* Finns, not al
are basically conservative, and the
not in *every* way.

Mikä sitten saa ulkomaalaisen tulemaan Helsinkiin? Tavallisin syy lienee suomalainen aviomies, vaimo, poika- tai tyttöystävä. Minä tulin tänne työpaikan vuoksi ja samalla tutustumaan maahan, jota ei paljoakaan tunnettu Britanniassa. Suomi oli (ja on edelleenkin) kuin tarkoin varjeltu salaisuus. Monet britit eivät osanneet yhdistää edes Helsinkiä ja Suomea. He tiesivät kyllä niiden olevan Skandinaviassa, mutta Skandinaviaa luultiin yhdeksi valtioksi, jonka eri osat liittyvät toisiinsa samalla tavalla kuin Englanti, Skotlanti, Wales ja Pohjois-Irlanti. Skandinavia merkitsi tuntureita, vuonoja, lunta ja metsiä. Itse tiesin Skandinaviasta aika paljon enemmän, mutta Helsinki oli minulle kuitenkin lähes tuntematon kaupunki, ja tuntemattomuus teki tänne tulemisen hyvin jännittäväksi.

What, in the first place, brings a foreigner to Helsinki? A Finnish husband, wife, boy- or girlfriend is perhaps the most common incentive. For me it was the offer of a job and the prospect of a place still largely unknown in my own country. Finland was (and remains) a well-kept secret. In Britain many people were not able even to link Helsinki with Finland: they knew that both were 'Scandinavia', which was itself regarded as a single state whose separate countries related to each other in much the same way that England, Scotland, Wales and Northern Ireland related to each other. Scandinavia was mountains, fjords, snow and forests. Although I knew rather more than this, Helsinki was still very much an unknown city and the thrill of arrival was due to this obscurity.

Helsinki levittäytyy laajalle, tasaiselle alueelle pitkin niemiä, saaria ja lahtia. On helppo kuvitella metsäistä ja kallioista ranta- ja saarimaisemaa, jonka tilalle Helsinki on kasvanut. Meri on aina lähellä. Mannerheimintie, Helsingin pääkatu, on kaupungin selkäranka, jonka nikamina ovat monet nähtävyydet: Stockmannin ja Sokoksen tavaratalot, Forumin liikekeskus, Pääposti, Mannerheimin patsas, jykevä Eduskuntatalo, Finlandia-talo, Kansallismuseo ja Kaupunginmuseo, Inter-Continental ja Hesperia sekä Olympiastadion.

Maamerkeistä huolimatta kaupungin siluetti on matala; pilvenpiirtäjän lähin vastine on Nesteen 17-kerroksinen pääkonttori Espoossa. Muu on suhteellisen tasaista, vaikka voimalaitosten piiput pistävätkin silmään, erityisesti talvella niiden tuprutellessa loputonta savukiemuraa taivaalle. Tasaista horisonttia rikkovat myös muutamat terävät tornit, jotka sojottavat pystyssä kuin yksinäiset, neulatyynyä etsivät nuppineulat. Teollisuusalueet ovat nykyaikaisia; satamien lähellä olevat teollisuusalueet saattavat olla synkkiä ja nuhjuisia, mutta se johtuu jatkuvasta käytöstä, ei puhtaanapidon laiminlyömisestä. Rappioalueita ei ole missään.

Helsinki sprawls across a wide, flat area of peninsulas, islands and inlets. It is easy to imagine the landscape of forest and rocky estuaries and islands which must have covered the area before the city sprang up. The sea is never far away. Mannerheimintie, the main street, runs like the city's spine, with many of the landmarks strung like vertebrae along it: the Stockmann and Sokos stores; the Forum shopping centre; the main post office; the statue of Mannerheim himself; the massive Parliament House; the Finlandia Hall; the National and City Museums; the Intercontinental and Hesperia hotels; the Olympic stadium.

Inspite of these landmarks the overall skyline is low. The nearest thing to a skyscraper is the 17-storey building in Espoo housing the Neste oil company. Otherwise the uniformity is rarely broken, although the chimneys of the power stations are prominent, especially in winter when they pour continuous streamers of steam across the sky. There are also a few thin spires sticking up like isolated pins in search of a cushion. Industrial estates are modern: the industrial areas near the harbours are sometimes dark and grimy, but this is a result of constant use and not of neglect. There are no industrial wastelands.

Helsingin naapuri'kaupungit' —
Espoo lännessä ja Vantaa poh-
joisessa — ovat hallinnollisesti
erillisiä alueita, mutta ne vaikut-
tavat pikemmin Helsingin itsehallinnol-
lisilta lähiöiltä kuin itsenäisiltä kaupun-
geilta. Ne ja muut uudet, siistit lähiöt
kätkeytyvät laajoihin metsiköihin. Laa-
jaa huomiota ovat saaneet osakseen
myös jalankulkijat ja pyöräilijät: pyörä-
teitä voi ajaa jopa 70 kilometriä joutu-
matta kertaakaan yleiselle tielle. Julki-
nen liikenne on koko pääkaupunkiseu-
dulla hyvin suunniteltua ja vuorot kul-
kevat tiheään.

*T*here is an administrative distinction between Helsinki and its neighbouring 'cities' of Espoo to the west and Vantaa to the north. But these areas have the feeling of self-administered suburbs of a single metropolitan area, not separate independent entities. These and other modern, clean suburbs are concealed by generous swathes of forest and equally generous is the consideration for the pedestrian and the cyclist, who can pedal for as many as 70 kilometres without ever having to ride along a road. In the suburbs and centre public transport is well planned and frequent.

Helsingissä on aivan selvästi runsaasti tilaa, ja sen vuoksi onkin ristiriitaista, että helsinkiläiset asuvat pienissä asunnoissa, joiden jokainen kallis neliö on vaatinut kovaa säästämistä. Mikä sitten saa harvalukuisen kansan, jolla on paljon maata ympärillään, maksamaan niin paljon pienistä asunnoista? Tämä olisi malliesimerkki siitä, kuinka taloudellinen ajattelu sotii järkeä vastaan, ellei ilmasto olisi sellainen kuin on, sillä sääolot selittävät osittain asuntojen kalleuden: talvella lämpötila laskee joskus alle −20° C:n, ja pakkaselta suojaudutaan kaksin-, jopa kolminkertaisin ikkunoin, joita asennetaan kaikkein vanhimpiinkin rakennuksiin. Uudet rakennukset eristetään aina tiiviisti ja kustannuksia kaihtamatta.

Pienissä asunnoissa asuminen on kuin jonkinlainen perinne Helsingissä. Vuonna 1901 68 % Helsingin työläisväestöstä asui yhden huoneen asunnoissa, keskimäärin 3,4 henkeä huonetta kohden. Noista ajoista Helsinki on kuitenkin muuttunut täysin. Viimeisen 70 vuoden aikana helsinkiläisten lukumäärä on kasvanut yli nelinkertaiseksi, vaikka 20 000 asukkaan raja ylitettiinkin vasta 1800-luvun puolivälissä. Susia nähtiin Helsingin kaduilla vielä 1840-luvulla. Perinteinen maalaiselämä ja maatalousyhteiskunta eivät teollistumisen myötä muuttuneet täällä yhtä jyrkkäjakoiseksi luokkayhteiskunnaksi kuin muissa maissa, eivätkä luokkaerot siksi nykyään ole kovin suuria. Helsingissä ei ole bordellikortteleita, slummeja eikä gettoja. Epämääräisiä alueita tietysti on, mutta Kallion kadut tuskin vastaavat esimerkiksi Lontoon East Endin likaisia, pelottavia katuja.

That this is a city of much space is obvious: it is therefore a paradox that this should be a town of small-flat dwellers for whom each precious square metre represents much hard saving. How can a nation with so much land and so few people put such a high financial price on such small units of that land? If it were not for the demands of the climate it would seem like a classic example of economics defying logic. But the high costs of property are partly justified by the weather. In winter the temperature, sometimes dropping below minus 20 degrees centigrade, is kept at bay by the double and even triple-glazed windows fitted in even the oldest buildings, and newer buildings are invariably, and expensively, well insulated.

In any case, small-flat dwelling is something of a tradition in Helsinki. In 1901, 68% of Helsinki's working class population had one-room accommodation with an average of 3.4 people to a single room. Even so, the city has changed beyond recognition since those days. In the last 70 years its population has more than quadrupled, although it did not exceed 20,000 until the mid 19th century. Wolves could still be seen in the streets in the 1840s. Agrarian and rural ways of life did not fall, with the arrival of heavier industries, into clear industrial class distinctions to the same extent as in other countries. Class structures today are consequently not easily discernible. Helsinki is a city without red-light districts, slums or ghettoes. There are, of course, rougher areas, but the streets of Kallio are hardly similar to the shabby, threatening streets of the East End of London, for instance.

*T*ämä johtuu pääasiassa onnistuneesta pitkäntähtäimen suunnittelusta. Kaikenlainen suunnittelu — lyhyellä, keskipitkällä ja pitkällä tähtäimellä — on suomalaisten vahva, joskaan ei aina hyvä puoli. Helsingin ja sen ympäristön suunnittelu on kuitenkin ollut ja on edelleenkin onnistunutta. Toivomisen varaa on vain loputtomien uudistusten ajoituksessa: aina parhaaseen turistiaikaan kaupungin keskeisiä paikkoja häiritsee ja rumentaa tietyö tai rakennustyömaa. Heti kun rakennustelineet saadaan purettua kadun toisessa päässä, niitä jo kootaan toisessa.

Suomi on saavuttanut huomattavaa kansainvälistä mainetta arkkitehtuurillaan, vaikkei maine olekaan kiirinyt aivan joka kadunmiehen tietoon niin kuin suomalaiset usein luulevat. Aivan liian usein kaupunkisuunnittelua ja arkkitehtuuria pidetään täysin erillisinä, mutta Helsingissä ne on onnistuttu yhdistämään hyvin toimivalla tavalla.

ood long-term planning is large-
ly responsible for this: the plan-
ning of anything, short, medium
or long term, is a Finnish strength
if not always a virtue. The planning of
Helsinki and the surrounding area,
however, has been, and continues to
be, a definite virtue. It is only the tim-
ing of the unceasing renovations that
leaves something to be desired: at the
height of every tourist season the city's
focal points seem to be disrupted and
disfigured by roadworks or new build-
ing. As soon as the scaffolding disap-
pears from one end of a street it reap-
pears at the other.

Finland has an international reputation
for its architecture, although it may not
extend as far beyond those who know
anything about architecture as Finns
suppose. All too often the separate
sciences of urban planning and archi-
tecture are conceived to be as different
as chalk and marble. But in Helsinki
the relationship is particularly well
developed and they go together like
bricks and cement.

Finlandia

Kerrostalo
Apartments

Helsingissä rakennuksen sijoittuminen ympäristöönsä on ensisijaisen tärkeää, ja vasta toisella sijalla on itse rakennus ja se, mitä se edustaa. Niinpä esimerkiksi sellaisen hätkähdyttävän omaperäisen rakennuksen kuin Alvar Aallon hohtavan valkoisen Finlandia-talon erikoisuus on paljon ympäristön ansiota: se on laajan lahden äärellä osittain puiden kätkössä puistossa ja noudattaa ympäristön piirteitä. Tässä tapauksessa vaikutelma on tarkoituksellinen, mutta niissäkin tapauksissa, joissa tähän ei ole varsinaisesti pyritty, vaikutelma on silti onnistuttu luomaan. Ilmeiset poikkeukset — esimerkiksi Aallon suunnittelema Enso-Gutzeitin pääkonttori, joka nykyaikaisella ilmeettömyydellään rikkoo Katajanokan arkkitehtuuria — vahvistavat säännön.

Kaupunginteatteri
City theatre

I n Helsinki individual buildings and whatever they represent for their own sakes are secondary to the way in which the buildings fit into the whole environment. Thus a startlingly original building like Aalto's gleaming white Finlandia concert hall and exhibition and conference centre gains much of its startling originality from its setting: partly concealed by trees in a park, overlooking a wide inlet from the sea and following the contours of the land. The effect here is intentional, but even when the intention has been absent the effect has still been produced. The obvious exceptions, such as Aalto's Enso Gutzeit main office building, a modern bland anomaly in the setting of Katajanokka near the south harbour, tend to prove the rule.

Ympäristöön sopiva rakentaminen pätee yhtälailla lähiöihin kuin keskustaan. Jokainen unelmoi talosta Espoossa. Jos ei satu kuulumaan siihen tuloluokkaan, jolla on varaa ostaa omakotitalo ja puutarha upeine merinäkymineen (eikä sitä varten tarvitse asua Espoossa), voi lohduttautua sillä, että näkymä kerrostalokaksion parvekkeelta voi olla, jos nyt ei aivan yhtä avara, niin usein ainakin yhtä miellyttävä.

Ei tietenkään aina. Jos asuu Itäkeskuksessa tai itäsuunnalla, näkee vain toisen kaksion parvekkeen. Vasemmalla ja oikealla näkyy lisää yksitoikkoisia punatiilisiä kerrostaloja, samanlaisia kuin omasi. Ostokset tehdään suorakulmaisilla, metallisilla avaruusajan kauppakujilla. Toisaalta käytettävissä on nykyaikainen avara kirjasto ja toimintakeskus, eikä kallioiselle lahdelle tai metsikköön ole pitkä matka.

This is as true of the suburban areas as it is of the centre. Somewhere in Espoo is everyone's dream home. If you don't happen to be in the income bracket allowing the ownership of a house surrounded by trees and overlooking a beautiful placid view of the sea and islands (and you don't have to live in Espoo for that), the view from the balcony of your two-roomed flat, although not as expansive, will often be just as pleasing.

Not always, of course. If you live in or near Itäkeskus, the new 'East Centre', you may only look out at the balcony of another two-roomed flat. To left and right you will see more blocks of uniform red brick, the same as your own. You will do your shopping amongst angular, metallic, space-age arcades. But you'll have the use of a modern, unstuffy library and community centre. And you won't have far to go before you come to some rocky inlet or forested park.

otkut alueet, kuten aukea Hakaniemen tori ja sitä reunustavat synkät kerrostalolaatikot, ovat kolkkoja, ja vaikka kallioon louhittu Temppeliaukion kirkko Töölössä mainitaan usein — aivan ansaitusti — esimerkkinä arkkitehtien nerokkuudesta, sen matala kuparikatto vain korostaa ympäröivien kerrostalojen jyrkkää arvokkuutta. Uusi metrokin on paljaanoloinen: asemat ovat esteettisesti ja fyysisesti kylmiä, värit teräviä ja räikeitä. Mutta Itä-Pasilassa, joka on ahdettu täyteen elementtitalolaatikoita ja jonka kaupunkikuva jättää paljon toivomisen varaa — se ei siis ole mikään arkkitehtuurin malliesimerkki — vaikutelma ei ole niin painostava. Tämä johtunee siitä, että korkeusrajoitusten ansiosta rakennukset ovat suhteellisen matalia eivätkä massiivisuudestaan huolimatta vaikuta murskaavan suurilta.

*T*here is also a bleakness about some districts, as in the wide square at Hakaniemi and the dark cubes of the apartment blocks that lie behind it. The Temppeliaukio church built into the rock in Töölö is offered, justifiably, as an example of architectural ingenuity but its low copper roof only emphasises the severity of the blocks surrounding it. There is a bleakness too in the new metro system, whose stations are aesthetically and physically cold and whose colours are sharp and unrelaxing. But in the area of Itä-Pasila, crammed with concrete shoe boxes, by no means an architectural showpiece and where one longs for a more imaginative skyline, the feeling is less than oppressive. This must be due to the relative lowness of the buildings, maintained by deliberate height restrictions, ensuring that inspite of their bulk they do not overwhelm.

Espoon Tapiola on eräs parhaita esi-
merkkejä lähiösuunnittelusta pääkau-
punkiseudulla. Kokovalkoiset rakennuk-
set ovat puhtaita ja kauniita niin kesän
häikäisevässä auringonpaisteessa kuin
talvella paksun lumipeitteen alla. Tapio-
laan pääsee helposti autolla, mutta sen
kävelykatujen ja ostoskujien sokkelois-
sa autoilu on kielletty, joten siellä on
turvallista ja mukavaa kävellä.

Uudempi, yhtä onnistunut nähtävyys
on Forumin liikekeskus aivan Helsingin
keskustassa. Sen keskusaukio, jonka
akselina kohoaa korkea, heleänsininen
peilitaideteos, toimii luonnollisena kes-
kipisteenä. Se on vilkas toiminnallinen
paikka lukuisine liikkeineen ja ravinto-
loineen, ja sinne voi mennä pelkästään
viettämään aikaansa. Onnistuneessa
suunnittelussa tulisi aina ottaa huo-
mioon, että ihmisillä on runsaasti jouto-
aikaa.

Tapiola in Espoo is one of the best examples of suburban planning in the greater Helsinki area. The all-white buildings are clean and pleasing, whether bathed in bright summer sunshine or crowned by thick crusts of snow. Access by car is easy, but the car is banished from the maze of precincts and shops so it is a safe and relaxed place.

A more recent and equally commendable showpiece is the Forum shopping complex right in the centre. Its atrium, which pivots on the axis of a tall, clean blue, mirrored sculpture, provides a natural focus. It is at once a busy functional place, with shops and restaurants, and a place to waste time. Good planning should always allow for the fact that people have plenty of time to waste.

Helsingin onnistunut kaupunki-
suunnittelu ei perustu vain sii-
hen, että Helsingissä on paljon
tilaa, vaan myös siihen, että tila
on yleensä käytetty järkevästi. Tästä
huolimatta, ja luultavasti juuri sen
vuoksi, mitään aluetta tai yksittäistä ra-
kennusta tuskin voidaan pitää poik-
keuksellisen suurenmoisena. Niinpä tu-
risti, joka odottaa suomalaisen arkki-
tehtuurin maineen näkyvän suurina
tuomiokirkkoina tai mahtavina monu-
mentteina niin kuin muissa maineik-
kaissa pääkaupungeissa, pettyy varmas-
ti. Suomalaisen arkkitehtuurin maineen
perusteet ovat syvällisempiä.

Helsingin arkkitehtuurin vaikuttavuus ei
johdu rakennusten koosta, vaan niiden
suhteista. Rakennustyylejä on monia,
mutta mikään niistä ei hallitse toisten
kustannuksella. Engelin Senaatintori,
jonka tärkein rakennus on mahtavana
hohtava, mutta silti selkeälinjainen Tuo-
miokirkko, ja toria reunustavat Yliopisto
ja Valtioneuvosto — kaikki empire-tyyli-
siä — ovat varmasti näyttäneet suhteet-
tomilta Helsingin mittakaavassa 1800-
luvun puolivälissä, jolloin ne rakennet-
tiin. Kaupunki on kuitenkin kasvanut
niiden ympärille, jättämättä niitä var-
joonsa tai jäämättä niiden varjoon.

*T*he important point about Helsinki's successful planning is not simply that there is a great deal of space but that generally sensible use has been made of it. In spite of this, and probably to a great extent because of it, there are few areas or individual buildings if any that could be described as stunning. So a visitor who expects the national reputation for architecture to be justified by grand cathedrals and towering monuments such as he might find in other capitals with more glamorous reputations will always be disappointed. The reputation has a more subtle justification.

The city's impressiveness derives not from the scale of its buildings but from their proportions. There are a great many different styles of architecture but none dominates at the expense of the others. Engel's Senate Square, crowned with the gleaming, grand but simple Lutheran cathedral, and the surrounding university and Council of State buildings, all in the Empire style, must have seemed out of proportion in the context of the city as it stood when they were completed in the middle of the 19th century. But the city has grown up around them, neither exceeding nor being exceeded by their scale.

Helsingin katunäkymää ei tunneta koristeellisuudestaan. Kun siirrytään satamasta ja Senaatintorilta poispäin ja katsotaan kaupunkia Kaivopuistosta tai Kaisaniemen puistosta, hallitsevana vaikutelmana on selkeä, matala siluetti. Kokonaisuuksina nähtyinä keskustan alueet näyttävät hyvin laatikkomaisilta. Suorakulmia tuntuu olevan kaikkialla, kuin viivoja kartalla, ja sateisen harmaana syyspäivänä ne vaikuttavat suorastaan tylyiltä.

Keskustan vanhoissa rakennuksissa mielenkiintoisimmat yksityiskohdat ovat usein piilossa korkealla, eikä niitä sen vuoksi aina huomaa. Katot ja muut korkeat paikat pitävät kätköissään lukuisia yllätyksiä. Ne kertovat omaa kieltään suomalaisen arkkitehtuurin kehityksestä 1800-luvun lopun uusrenessanssista 1900-luvun alkupuolen kansallisromantiikkaan ja jugendiin ja niiden kautta sotia edeltäneeseen funktionalismiin ja sodanjälkeiseen modernismiin.

elsinki's streets are neither renowned nor striking for their decorative detail or ornamentation. The dominating impression, when one moves away from the space of the Senate Square and harbour and looks back from the parks of Kaivopuisto and Kaisaniemi, is of a bold low skyline. The central districts are especially block-like when viewed as a whole in this way. Like the lines on the street plan, right angles dominate and especially on a grey wet autumn day they convey an air of austerity.

However, many of the most interesting features of the older, central districts are to be found towards the tops of buildings and are therefore often unnoticed. Rooftops and high points provide many surprises. They comprise a demonstration of the development of Finnish architecture, from the Neo-Renaissance style of the late 19th century through the National Romantic and Art Nouveau styles of the early 20th century to the Functionalism preceding the Second World War and the Modernism of the post-war period.

Tästä on hyviä esimerkkejä keskustan kaupunginosien jugendrakennuksissa Kalliossa ja Töölössä sekä erityisesti Eirassa, Kruununhaassa ja Katajanokalla. Rakennusten kulmat pyöristyvät usein kulmatorneiksi tai huipentuvat pienoistorneiksi katolla, ja katunäkymää koristavat ovien ja ikkunoiden selkeälinjaiset jugendkuviot. Eiran Huvilakatu on erinomainen esimerkki, ja pehmeiden, vaaleiden värien ansiosta sillä on selkeämpi arkkitehtoninen ilme kuin millään muulla Helsingin kadulla. Uusrenessanssia suosivien arkkitehtien, mm. Högbergin, Höijerin ja Wreden, kätten jälkiä on nähtävissä vaikuttavissa, runsaasti koristelluissa mutta silti hillityissä julkisivuissa.

The Art Nouveau buildings, in the central areas of Kallio, Töölö and particularly of Eira, Katajanokka and Kruununhaka, provide good examples of this. The corners of the blocks are often moulded into miniature spires, towers, cones and turrets. The streets are decorated by the simple twisting patterns of the doors and windows. Huvilakatu in Eira is typical, and its soft, light colours give it more architectural character than any other street in Helsinki. Elsewhere, architects such as Högberg, Höijer and Wrede, favouring the Neo-Renaissance style, have left their marks in the form of richly decorated and impressive but unobtrusive facades.

Vaikka Suomi on maailmalla kuuluisa arkkitehtuuristaan, suomalaisten arkkitehtien maine sai alkunsa Eliel Saarisen ja Alvar Aallon vaikutuksesta muiden maiden rakentamiseen ja kaupunkisuunnitteluun, erityisesti Yhdysvalloissa. Ja vaikka suomalaiset olivatkin funktionalismin ja modernismin edelläkävijöitä, nämä suuntaukset olivat pääosin kansainvälisiä ja kansainvälisten näkemysten innoittamia.

Rationalismia ja funktionalismia edeltänyt suuntaus sen sijaan pyrki korostamaan voimistuvaa kansallistunnetta 1900-luvun alussa, aikana, joka johti itsenäistymiseen Venäjän vallasta vuonna 1917. Tästä pyrkimyksestä sai alkunsa kansallisromantiikkana tunnettu tyylisuunta.

Tämä tyylisuunta on kirvoittanut monenlaisia mielipiteitä ja näkemyksiä. Joistain ulkomaisista vaikutteista huolimatta se oli kuitenkin kansallinen tyyli, jollaista ei ollut ollut aikaisemmin ja jota sen lyhyen kukoistuskauden jälkeen ei ole jäljitelty missään muussa maassa.

Helsingissä on runsaasti erinomaisia esimerkkejä. Rakennukset ovat usein graniitista kuin Suomen peruskallion vertauskuvana; ne ovat rosopintaisia ja jyhkeitä, mutta koristekuvioiden keventämiä. Tämän tyylin tärkeimpiä edustajia on Lars Sonck, jonka töitä ovat Helsingin Puhelinyhdistyksen rakennus ja Kallion kirkon jykevä, harmaa maamerkki.

inland's reputation for architecture, however extensive, has largely been gained by the influence of Eliel Saarinen and Alvar Aalto, for example, on attitudes to building and town planning in other countries, especially the USA. Moreover, although the styles of Functionalism and Modernism were to some extent pioneered by Finns, they were essentially international styles, inspired by international outlooks.

But Rationalism and Functionalism were preceded by the efforts of Finnish architects to reflect in their work a rising sense of national identity at the beginning of the 20th century in the period leading up to independence from Russia in 1917. This tendency gave rise to the distinctive style known as the National Romantic.

Views and opinions about this style vary widely, but it was certainly a national style which, although not immune to influences from abroad, had no real parallel previously, and which has remained unimitated since its brief heyday in any other country.

Helsinki has most of the best examples. They are usually built of granite, symbolising Finland's geographical foundation. The buildings are rugged and solid, but quirkishly decorated. Lars Sonck was one of the chief exponents, contributing the telephone company's building and the stiff grey landmark of the church at Kallio.

Kansallisromanttisen tyylisuunnan loistavin ja ehdottomin esimerkki on vuonna 1912 valmistunut Kansallismuseo, jonka on suunnitellut museon suunnittelukilpailun voittajakolmikko Saarinen, Lindgren ja Gesellius. Museon dekoratiivisissa yksityiskohdissa on jäljitelty keskiaikaisten kirkkojen ja linnojen koristeaiheita. Portaikkoa vartioiva hiekkakivikarhu on hyvä esimerkki kansallisromantiikalle tyypillisestä yksinkertaisesta satuhahmosta; samalla se on esimerkki viehättävistä yksityiskohdista, joita valitettavasti ei nykyaikaisissa rakennuksissa ole. Kansallisromantiikka, joka toi vääristyneet naamat irvistelemään talojen seinille, tuo tervetullutta arkkitehtonista vallattomuutta nykypäivän Helsingille.

Kaksi arkkitehtiä, Gustaf Strengell ja Sigurd Frosterus, arvostelivat tätä tyylisuuntaa erittäin teräväsanaisesti, mikä vaikutti sen melko nopeaan kuihtumiseen. Strengell pelkäsi, että Kansallismuseo osoittautuisi 'poikkeusilmiöksi', joka olisi 'omasta ajastaan ja ympäristöstään eristetty ja outo — suunnilleen kuten henkiin herätetty plesiosaurus nykyisten eläinten parissa'. Hän jatkoi ivallisesti sanomalla, että Pohjolan rakennus (Aleksanterinkadulla) oli 'kiveen hakattu runo'.

Pohjola-yhtiön talo
Pohjola company building

The most extravagant and definitive example of the style is the National Museum, designed by the award-winning team of Saarinen, Lindgren and Gesellius and completed in 1912. The intricate details are copied from the motifs of medieval churches and castles. The sandstone bear sitting beside the steps is an example of the kind of simple fairy-story detail typical of the style. It is also exemplary of the kind of charm sadly missing from more modern buildings. The National Romantic, with its gargoyles pulling faces and sticking out their tongues, provides some welcome architectural frivolity in the modern city.

Two architects, Gustaf Strengell and Sigurd Frosterus, were especially critical of the style and their criticisms were influential in its fairly quick demise. Strengell feared that the National Museum would turn out to be 'an anomaly, isolated and alien in its period and environment . . . like a plesiosaur reawakened in the midst of present-day animals'. He went on cynically to call the Pohjola building (in Aleksanterinkatu) 'a sonnet in stone'.

49

Mitä vikaa on kiveen hakatussa runossa?" ihmettelivät varmaankin ne, joihin hänen arvostelunsa kohdistui. Kritiikki kuitenkin puri tyylisuunnan edustajiin, ja pian heidän ajattelutapansa muuttuminen näkyi heidän työssään. Esimerkiksi vuonna 1914 valmistuneessa Helsingin rautatieasemassa, vaikka se nykyään tuokin mieleen ison jugend-radion, on huomattavasti vähemmän koristeita ja kansallisromanttisia piirteitä kuin Saarisen ja hänen ryhmänsä alkuperäisessä suunnitelmassa. Jopa sen korkeat, Emil Wikströmin veistämät tiukkailmeiset hahmot, jotka kannattelevat maapallonmuotoisia lamppuja pääsisäänkäynnin kummallakin puolella, toimivat myös sisäänkäynnin opasteina eivätkä vain turhanpäiväisinä koristeina.

What's wrong with a sonnet in stone?'' some of those he meant to condemn probably asked themselves. But the style's exponents were not insensitive to criticism and their changing moods were soon reflected in their work. The railway station in Helsinki, completed in 1914, for instance, although reminiscent today of an enormous Art Nouveau wireless set, bears considerably fewer decorations and National Romantic features than were originally intended by Saarinen and his team. Even its huge, frowning figures, by Emil Wikström, clasping their globe-shaped lamps on either side of the main entrance, serve as landmarks for the entrance and provide more than merely superfluous detail.

Arkkitehtuuri on erikoinen taidemuoto, sillä sen tuotteet ympäröivät meitä halusimmepa sitä tai ei. Maalaukselle voimme kääntää selkämme ja konsertista kävellä ulos, mutta rakennukset eivät suo meille valinnan mahdollisuutta ja ne vaikuttavat suoraan elinympäristöömme. Helsinkiä suunnittelevat arkkitehdit ovat muistaneet tämän velvoitteen yhteisöä ja maisemaa kohtaan.

Helsingin näkymä uudistuu jatkuvasti. Rakennuksia — toimistoja, voimaloita, kerrostaloja, kauppakeskuksia, metroasemia — ilmestyy kuin taikasauvan iskusta koko ajan. Juuri tätä kirjoittaessanikin ja tätä luettaessa jokin pankki on varmasti avaamassa uutta, tyylikästä sivukonttoria tai jokin kauppaketju uutta liikettä jossain uudessa, siistissä lähiössä.

Architecture is an unusual art form in that its product is something we have to confront whether we like it or not: we can take or leave a painting or a concert but a building is something about which we have no choice and which affects our lives directly. Architects working in Helsinki have recognised their responsibility to the community and to the landscape.

Helsinki's landscape is constantly being brought up to date. Buildings — office blocks, power stations, apartment blocks, shopping arcades, new metro stations — seem to appear overnight, as if by magic. Even as I write and even as you read, at least one of the banks is probably opening a smart new branch or one of the supermarket chains is launching a new store in one of the clean new suburbs.

Helsingissä ei ole monimiljonää-
rejä, mutta kymmenet pankit
kertovat jotain sen vauraudesta.
Helsinki näyttää uudelta ja vau-
raalta monella muullakin tavalla. Kau-
pungissa ei juuri näy vanhoja autonrä-
miä, ja käytettyjen tavaroiden kaupat
ovat melko harvinaisia, vaikka niiden
suosio onkin kasvamassa. Kun jokin tu-
lee vanhaksi se vaihdetaan uuteen.
Vauraudesta tuskin kuitenkaan tietävät
ne monet laitapuolen kulkijat, jotka
viettävät yönsä yömajoissa, putkassa,
kadulla tai jopa roskalaatikossa. Vauras
kaupunki tämä kuitenkin on, ja nuori.

There are no real multi-million-aires in Helsinki but the dozens of banks are among the many signs of affluence. It is a new and affluent city in many other ways. There is no such thing as an 'old banger' in Helsinki. Secondhand shops, although increasing in number, are something of a novelty. When something gets old it is replaced. Of course, there's no point telling the tramps, and there are more than a few, who sleep in the hostels and the police cells, and in the streets or even the rubbish bins, that they live in a prosperous city. But prosperous it is, and young.

illaista sitten on tämän nuoren kaupungin nuoriso? Kesäiltaisin kutkuttavan kauniit vaaleat tytöt — tukka joskus mustaksi, vihreäksi tai punaiseksi värjättynä — istuskelevat Espan puistossa kikattamassa. Pojat farkkutakeissaan ja tukka silmillä seisoskelevat ryhmissä lähellä, kierrättävät olutpulloa ringissä ja syljeskelevät miehekkäästi. Talvella sama turha joukko kokoontuu rautatieasemalle, jossa sen yllä leijuu paksu tupakansavu ja kovaääninen häiritsevä hälinä. Nuoret maleksivat asemalla omistajan elein, polttavat tupakkaa ja vetelehtivät koko illan, kunnes viimeinen lähiöbussi vie heidät kotiin.

Kapinallisuus ja mielipide-erot sulautuvat nopeasti ajatusten päävirtaan Helsingissä. Nykyaikaiset musiikki- ja taidesuuntaukset noudattelevat yleensä muun Euroopan suuntauksia. Punkmuoti esimerkiksi on jo laantunut. Täällä se ei ole kapinan symboli — kuinka se voisi ilmentää nykyajan kaupunkilaisuuden turmiota ja turhautuneisuutta kaupungissa, jossa näitä ilmiöitä ei ole koskaan ollutkaan? Kaupungin konservatiivisuutta ilmentää paradoksaalisesti se, ettei kapinallisella ole mitään, mitä vastaan kapinoida, lukuunottamatta järjestystä, joka sienen tavoin imee kapinan itseensä, ja on kuvaavaa, että James Dean, ensimmäinen nuori kapinallinen ilman aatetta, on täällä hyvin suosittu.

What then of the youth of this young city? On Friday nights in summer you can see many of them, achingly pretty blonde girls, sometimes with their hair dyed black or green or red, giggling on the benches in Esplanadi. Boys dressed in denim jackets, with lank hair falling over their eyes, stand in groups nearby, sharing a bottle of beer, feeling tough and spitting. In winter the same aimless throng meets at the main railway station, overhung by a mist of tobacco smoke and a loud disturbing hum of chatter. They swagger and smoke and do nothing until the last bus out to the suburbs.

Rebellion and dissent are soon assimilated into the mainstream of things in Helsinki. Modern musical and artistic trends tend to follow those of the rest of Europe. Punk fashion, for example, has become unremarkable: here it is no symbol of revolt. It can hardly represent the expression of modern urban decay and frustration in a city which has never intensely experienced such phenomena. It is, paradoxically, indicative of the city's conservatism that the rebel has nothing to rebel against, apart from an order which soaks up rebellion like a sponge, and appropriate that James Dean, the original rebel without a cause, should have been so popular here.

Nuorilla on yhä enemmän syytä oppia vieraita kieliä. Monet osaavat englantia, vaikka eivät aina olekaan innokkaita sitä puhumaan. Jos koulu ei saa nuoria oppimaan englantia, se iskostuu heidän mieliinsä englanninkielisistä televisio-ohjelmista ja rock-laulujen sanoista.

Alle viisi miljoonaa ihmistä maailmassa puhuu suomea. Suomessa valmistetaan nykyaikaisia, pitkälle kehittyneitä teollisuustuotteita ja niitä viedään kaikkialle maailmaan asiakkaille, joista kukaan ei tule oppimaan suomea. Sen vuoksi suomalaiset joutuvat opiskelemaan vieraita kieliä, tavallisesti englantia, vaikka saksa olikin aikaisemmin suositumpaa. Suomi, joka on suomalais-ugrilainen kieli kuten viro ja unkari, julistettiin hallinnon ja oikeuden viralliseksi kieleksi vasta vuonna 1863 ja se on kukoistanut huolimatta saksan, ruotsin ja venäjän vaikutuksista.

Noin kahdeksan prosenttia helsinkiläisistä (luku hieman vaihtelee) on äidinkieleltään ruotsinkielisiä; kielitaistelua käydään suomen ja ruotsin välillä, jotka ovat maan virallisia kieliä. Jotkut suomenruotsalaiset kieltäytyvät jääräpäisesti puhumasta suomea. Tienviitat ja ilmoitukset ovat kaksikielisiä, ja kuluu jonkin aikaa ennen kuin turisti erottaa karkeamman näköiset suomenkieliset sanat pehmeämmistä ja länsieurooppalaiselle tutumman näköisistä ruotsinkielisistä sanoista. Puheessa eroa ei myöskään huomaa aivan heti, sillä suomenruotsi on monotonisempaa kuin laulavalta kuulostava riikinruotsi.

Many of these young people have an increasing incentive to learn a foreign language. Many of them know English although not so many are always keen to use it. If they don't learn it during their lessons at school, they pick it up from English language TV programmes and from the lyrics of rock music.

Fewer than five million people in the world speak Finnish. The Finns offer modern, specialised industrial products and export them all over the world but none of their customers are going to learn Finnish. So Finns are compelled to speak other languages and this usually means English, although German was previously more popular. Finnish, a Finno-Ugric language like Estonian and Hungarian, was only declared as the official language of administration and law as recently as 1863 and has thrived in the face of German, Swedish and Russian influence.

Swedish is the first language of about eight per cent (the figure tends to fluctuate) of Helsinki's population: the linguistic battle is fought between Finnish and Swedish, which are both official languages. Some Swedish-speakers stubbornly refuse to speak Finnish. Signs and notices are written in both languages and it takes some time for a visitor to distinguish the harsher looking Finnish words from those of the softer, and for the west-European, more recognisable Swedish. Neither is the difference in sound immediately detectable since 'Finnish Swedish' is spoken more monotonously than the musical 'real' Swedish.

Mainoksissa ja kauppojen ja ravintoloiden nimissä käytetään näkyvästi englanninkielisiä sanoja, mikä ilmentää länsimaisen kaupallisen kulttuurin vaikutusta. Täällä on *pubeja*, joissa voi juoda *Cheers*-olutta; pankeissa, Senaatti *Centerissä* ja Viking ja Silja *Linen* laivoilla voi käyttää *Key Cardia*. Tällaiset sanat erottuvat jyrkästi suomenkielisestä tekstistä. Mainosten värit ja tyyli ovat yhtä huomiotaherättäviä. Helsinki on täynnä mainoksia — jos on viikon poissa kotoa, joutuu kotiin palatessaan kahlaamaan eteiseen esitevuoren läpi. Tämä on kallis kaupunki, mikä saattaa osittain johtua mainonnan runsaudesta. Amerikkalaisuus — amerikkalaiset autot, amerikkalainen musiikki, amerikkalaiset TV-ohjelmat, amerikkalainen ruoka — on suosittua, ei vain nuorten vaan myös varttuneemman ikäpolven keskuudessa. Tämä poikkeaa täysin turistin odotuksista, joka on kuvitellut idän vaikutuksen voimakkaammaksi.

But the English words used for advertising and for the names of shops and restaurants, particularly visible in Helsinki, show the influence of the language of western, commercial culture. There are 'pubs', selling a beer called 'Cheers'. You can use your 'Key Card' at the bank or in the shops at the 'Senaatti Center' or on one of the Viking or Silja 'Line' ships. Such words stand out boldly in texts of Finnish. The colours and styles of advertising in which they appear are just as bold. The city is saturated with advertising. If you spend a week away from home, you will return to an ankle-deep drift of brochures and handouts on your doormat. It is an expensive city, a fact which might be partly explained by the intensity of its advertising. Everything American is popular — American cars, American music, American TV, American food — and not just with the young. All of which contradicts the expectations of a visitor who has been led to believe that influence from the East would be more apparent.

Helsinkiläiset ovat yllättävän kulttuuritietoisia. Yllättävällä tarkoitan sitä, että alituiseen saa tietoja maailman 'kulttuurikeskuksista' aivan kuin näiden keskusten ulkopuolella tuotettu kulttuuri olisi ilman muuta toisen luokan kulttuuria.

Helsingissä on kukoistavia, suosittuja teattereita, joista muutama on ruotsinkielisiä esityksiä varten. Lahjakkaiden suomalaismuusikoiden ja kuuluisien ulkomaalaisten vierailijoiden konsertteja ja musiikkikilpailuja pidetään säännöllisesti Finlandia-talossa. Alkusyksystä jokavuotiset Helsingin Juhlaviikot tarjoavat vaikuttavan valikoiman perinteistä ja kokeellista ohjelmaa, josta osa järjestetään ulkoilmatilaisuuksina.

Kaivopuistossa kesäsunnuntaisin järjestettävät rock-konsertit ovat kurinalaisia tapahtumia: alkoholi on luonnollisesti kielletty, ja järjestysmiehillä on valtuudet tyhjentää viinipullot ruohikkoon. Poissa on myös pistävä marijuanan haju, joka muualla Euroopassa leijuu kaikkialla puistokonserteissa. Ainakin julkisissa tilaisuuksissa Helsingin kapinalliset kierrättävät Cokis-pulloa, eivät kokaiinilusikkaa.

Muutkin taidemuodot kukoistavat täällä. Suomenlinnan linnoituksessa on kesäteatteri ja Pohjoismainen taidekeskus, jossa on esillä pohjoismaisten taiteilijoiden nykyaikaisia maalauksia, veistoksia ja valokuvia — usein eriskummallisia, mutta aina mielenkiintoisia. Muita taidemuseoita ovat Amos Andersonin museo ja Suomen suurin taidemuseo Ateneum. Kummassakin on pysyvä suomalaisen taiteen kokoelma ja vaihtuvia näyttelyitä. Helsinkiläiset tuntevat

he cultural awareness of Helsinki people is surprisingly acute. Surprising, that is, when one is constantly fed with information about the 'cultural centres' of the world, as if culture produced outside these centres were by definition second rate in some way.

Helsinki has thriving, well-attended theatres, including those for productions in Swedish. Concerts, performed by talented Finns as well as renowned visitors from abroad, and music competitions are regularly held at the Finlandia Hall. The annual Helsinki Festival in September provides an impressive variety of traditional and unconventional entertainment, some of it outdoors.

The outdoor rock concerts in the Kaivopuisto park, held each summer on Sunday afternoons, are well-behaved affairs. The park is, naturally, a compulsorily alcohol-free zone: prowling stewards are given the power to empty bottles of wine onto the grass. Also absent is the unmistakable, pungent waft of marijuana smoke which is inescapable at other European events like these. Helsinki's rebels, at least in public, pass round bottles of pepsi, no spoons of coke.

But other art forms also thrive. The fortress on the island of Suomenlinna houses not only a summer theatre but also the Nordic Arts Centre, where exhibitors of modern, often eccentric, always interesting paintings, sculptures and photographs come from all over Scandinavia. Other galleries include the Amos Anderson museum and the Ateneum, which is the largest in Finland. Both provide frequent exhibitions as well as permanent displays of Finnish work. There is a well-informed respect for the arts in Helsinki, for the traditional as much as for the experimental.

Myös kaupungin urheiluelämä on aktiivista ja elinvoimaista. Helsinki käy tässäkin esimerkkinä koko maasta: maanmiestensä tavoin helsinkiläiset syövät, juovat ja polttavat kuin itsetuhovietin vallassa eivätkä tunne kohtuutta lainkaan. Samoin 'intoilija' on liian laimea sana kuvailemaan urheilevaa suomalaista. Urheiluliikkeissä kauppa käy vilkkaana. Sää ei ole koskaan niin huono, ettei harjoituksia voisi pitää. Talvisin metsäpolut keskustan lähellä kuhisevat hiihtäjiä; kesäisin ne vilisevät lenkkeilijöitä ja pyöräilijöitä. Hölkkäasu on kansallispuku ja terveystietoisuuden symboli. Joukkuepelit, kuten jääkiekko ja yhä enemmän myös jalkapallo, ovat suosittuja, mutta yksilölajeissa — hiihdossa, mäkihypyssä, yleisurheilussa ja ralliautoilussa — suomalaiset loistavat. Urheilukilpailut, erityisesti suuret, kansainväliset tapahtumat Olympiastadionilla ja korviahuumaavan meluisat jääkiekko-ottelut, ovat tilaisuuksia, joissa tavallisesti niin varautuneet suomalaiset puhkeavat äänekkääseen yhteiseloon.

The city's sporting life is also active and vigorous. In this, as in many things, Helsinki is representative of the rest of the country; its citizens, like Finns in general, when bent on self-destruction through the excess of beer, cigarettes or food, know no half measures. Equally, 'enthusiast' is too mild a word to describe the sporting Finn. Shops do a brisk trade in sports equipment. No weather is too bad to warrant the cancellation of a training session. In the winter the woodland paths nearer the centre of Helsinki are thick with skiers; in the summer they teem with joggers and cyclists. The tracksuit is a national uniform, a symbol of health awareness. Team games, such as ice hockey and, increasingly, soccer are popular but it is at the individual events that Finns excel: skiing and ski-jumping, athletics and rally driving. A sports gathering, especially a large international meeting at the Olympic stadium or a deafening ice hockey match, is an occasion at which the normally reserved public Finn can erupt in loud collective partisanship.

On yllättävää, että kaupunki, joka on ollut vain harvojen taisteluiden näyttämönä, mutta kuitenkin pitkään sotaisan historian keskipisteessä ja muiden valtioiden valtataistelun pelinappulana, on kehittynyt niin levollisesti, rauhallisesti ja vauraasti. Helsingin väestö ei ole rodullisesti kirjavaa, ja esimerkiksi mustalaisväestö erottuu tässä ympäristössä. Se kuitenkin hyväksytään yleisesti ja vailla ennakkoluuloja — ainakaan niitä ei tuoda esiin usein. Ulkomaisten diplomaattien, opiskelijoiden, kieltenopettajien ja kääntäjien yhteisö on laajahko, mutta vain harvoin senkään jäsenet joutuvat ennakkoluulojen kohteeksi. Tässä kaupungissa ei ole mellakoita, pommiuhkauksia eikä terroristeja. Murhia tapahtuu suhteellisen harvoin, ja aseellinen ryöstö on jännittävä väkivaltanäytelmä, jonka tekijöistä tulee kansallissankareita. Tämä on rauhallinen kaupunki, jonka harvat väkivaltaisuudet voi jättää omaan arvoonsa — riitapukaritkin ovat tavallisesti niin umpihumalassa, etteivät saa edes sanottavaansa sanotuksi, saati sitten että ryhtyisivät sanoista tekoihin.

It is surprising that a city which, although the scene of few battles, has been at the centre of so much violent history and treated for so long as a pawn in the power games of other nations, has emerged so placidly, peacefully and prosperously. The gypsy population, conspicuous in an almost pure racial environment, is generally accepted and prejudices against gypsies are rare or at least rarely expressed. There is a sizeable community of foreign diplomats, students, language teachers and translators, but they are only occasionally targets of mild prejudice. It is a city without riots, bomb scares or terrorists. Murder is a relatively rare event, armed robbery an exciting outrage, whose perpetrators become folk heroes. It is a peaceful city in which most violent approaches can be ignored since the antagonists are usually too blind drunk to remember their words, let alone follow them with deeds.

Helsinki on järjestyksen kaupunki: jalankulkijat odottavat kuuliaisesti vihreää valoa risteyksessä, vaikkei autoja näkyisi mailla halmeilla, ja viikonloppuisin ravintolaan pääsyä odotetaan ulkona jonossa järkkymättömien ovimiesten määrätessä tahdin. Metrojunia ja raitiovaunuja ei tuhrita, ja vain harvoin joutuvat liikennelaitoksen tyylikkäät tarkastajat tarttumaan sakkolehtiöönsä. Kaikista juhlatilaisuuksista henkii jäykkä muodollisuus, ja juhlat voivat alkaa vasta kättelyn jälkeen. Ja vain harvoja bussipysäkkejä on kaunisteltu seinäkirjoituksin, vaikka graffiti yleistyykin kaiken aikaa.

Ehkäpä järjestys toimii eräänlaisena vastapainona ilmaston ja kaupunkilaisten sisäiselle levottomuudelle. En halua väittää, että helsinkiläiset olisivat sen levottomampia kuin kaupunkilaiset muualla; täällä levottomuus on kuitenkin erilaista ja sillä on vähemmän ilmaisukanavia. Henkilöauto on epäilemättä eräs tällainen ilmaisukanava: autoonsa suljettuna, nimettömänä ja eristäytyneenä helsinkiläisajaja saa uutta ulkonaista itseluottamusta. Hän ajaa äänekkäästi, aivan kuin olisi mukana amerikkalaiselokuvan takaa-ajokohtauksessa. Vaikutelmaa vain tehostaa valtavien jenkkiautojen suosio. Autoilija on Kuningas Helsingin keskustassa — jalankulkija hänen nöyrä alamaisensa.

It is an orderly city. Witness the obedience of the pedestrians waiting for the red man to change to green at the crossing, even when the road is free of traffic for as far as the eye can see. Witness the queues that form outside the restaurants at weekends, accepting the law as laid down by the monolithic doormen. Look at the unvandalized metro trains and trams, whose smartly-clad inspectors rarely need to reach for their fine-pads. Witness the stiff formality of any ceremony and the hand-shaking introductions at parties. Notice the sparse, although ever-increasing, graffiti in the bus shelters.

Perhaps this order is a balance to the disorder of the climate, a counterpoint to the inner turmoil of Helsinki's citizens. Which is not to say that the inner turmoil of Helsinki's citizens is any more intense than that of citizens anywhere else; only that it is of a different kind and finds fewer outlets for expression. One such outlet must be the motor car. Enclosed, anonymous and isolated in their cars, Helsinki drivers seem to find an outward confidence not apparent at other times. They drive noisily, as if participating in some American movie car chase. Monstrous American cars are popular, adding to the effect. The driver is King in central Helsinki; the pedestrian is his unprotesting subject.

Erityisestä suomalaisesta 'ahdistuksesta', 'syvästä epävarmuudesta' puhutaan usein, ja suomalaiset itsekin myöntävät sen olemassaolon. Sen oletetaan olevan pahimmillaan Helsingissä, ja sitä tarjotaan tekosyyksi rankalle juopottelulle ja bussimatkustajien umpimieliselle käytökselle. Sitä on kuitenkin kahta lajia: toinen on yleinen epävarmuus muihin kansoihin verrattuna, ja toinen liittyy vuoden kiertoon — alkutalven pimeät, harmaat kuukaudet saavat suomalaiset synkistymään.

Suomen vaitonaisen kansan maine on joka tapauksessa liioiteltu — hillitty esiintyminen on usein vain julkisuuden sanelemaa. Helsinkiläiskodin elämänmeno voi olla yhtä äänekästä ja levotonta kuin missä tahansa muualla maailmassa. Jos istut yksin baarissa, ei varmasti kestä kauan ennen kuin joku tiedustelee mielipidettäsi suomalaisesta oluesta.

Suomalaiset ovat ylpeitä oluestaan, mutta eivät juopottelijan maineestaan. Sanotaan, että rappioalkoholistit, joita hoipertelee Alkon ulkopuolella nenä veressä ja housut märkinä, ovat ajautuneet juomaan ilmaston vuoksi. Sanotaan myös, että he juovat, koska eivät kestä kaupunkilaisuuden paineita. Molemmissa väitteissä saattaa olla jonkin verran perää. Väärin ja harhaanjohtavaa on kuitenkin väittää, että virallinen, puritaaninen alkoholipolitiikka auttaisi heidän tilaansa — jos alkoholistille ei myydä viinaa, hän hakee humalansa vaikka partavedestä.

Suomalaisten eduksi on sanottava, että vain harvat ovat tätä mieltä, vaikka virallinen alkoholipolitiikka jatkaakin voittokulkuaan, samoin kuin uskomus, että rankka ja tylsämielinen juomistapa on jollain tavalla sisäänrakennettu suomalaiseen luonteeseen eikä sitä voida muuttaa.

Mention has been made, and is often self-confessed, of a particular Finnish 'angst', that 'deep insecurity', and it is supposed to reach its nadir in the people of Helsinki. It is offered as an excuse for heavy drinking and silent buses. But a distinction should be made between the kind of collective tendency of people to make comparisons with other countries, and the annual cycle, with its recess into depression during the dark, grey months of early winter.

This reputation for reticence is in any case exaggerated: expressional restraint is only public. A Helsinki household can be as noisy and restless as any other in the world. Sit down in a bar alone and it will only be a matter of time before someone approaches you and asks you what you think of Finnish beer.

Finns are proud of their beer, but not so proud of their reputation for drinking large quantities of alcohol. It is said that the drunks who wobble outside the Alko stores in Helsinki, their noses bleeding, their trousers wet with urine, are driven to drink by the climate. It is also said that they drink because they cannot adapt to urban demands. There may be some truth in both suggestions. But to suggest that the official puritan approach to their problem is in any way helpful to them is misguided and false — an alcoholic who cannot turn to vodka turns to after-shave.

To their credit few people in Helsinki make this suggestion, although the official policy continues unchallenged. And the belief prevails that a tendency to drink heavily and moronically is in some way built into the Finnish character and that it cannot be changed.

Totuushan on kuitenkin, että miltei joka yhteiskunnassa on alkoholistivähemmistö. Näin on aina ollut ja tulee aina olemaan. Kun yhteiskunta poistaa alkoholiin liittyvän häpeän tunteen, se antaa jäsenilleen enemmän henkilökohtaista vapautta — osoittaa luottamusta, johon he vastaavat aikanaan. Jos Helsingin tyrannimaisten ovimiesten järjettömät valtuudet poistettaisiin, juomien nauttiminen voitaisiin vähitellen hyväksyä kunniallisena kanssakäymisen muotona eikä vain humalahakuisena tapahtumana. Muutoksia tapahtuu, mutta hitaasti, ja sillä välin alkoholi on jatkuvasti useimpien — yleensä kotona tapahtuvien — väkivaltarikosten syynä. Ovimiehen oikusta jonot kasvavat jäätävässä säässä, vaikka sisällä on usein paljon tilaa. Jos ulkomaalainen yrittää puhua suomea, häntä luullaan humalaiseksi eikä päästetä sisään. Ihmiset kääntyvät vieläkin tuijottamaan kuullessaan tyhjien pullojen kilinää laukusta.

The truth is surely that there is, in almost every society, an alcoholic minority; that there always has been and always will be; that by removing the stigma of alcohol a society gives its individuals more personal responsibility, an act of faith to which in time they will respond; that as a result of removing the ridiculous powers of Helsinki's tyrannical doormen the recreation of drinking might generally be accepted as a respectable social event and not just a means to the end of getting drunk. Changes are made, but gradually. Meanwhile alcohol continues to cause most violent, usually domestic, crime. Long queues form on the whim of a doorman in freezing weather, often when there is plenty of room inside. Foreigners trying to speak Finnish are condemned as drunk and refused entry. People still turn and stare at you when they hear the empty lemonade bottles clinking in your shopping bag.

*T*ällaiset asenteet, kuten monet muutkaan, eivät ole ominaisia vain Helsingille. Suomalaiset sanovat kuitenkin, ettei kannata mennä Helsinkiin, jos haluaa nähdä todellista Suomea. Neuvo kuulostaa tutulta: englantilainen sanoo samaa Lontoosta, varsinkin jos on itse kotoisin pohjoisesta. Neuvo kuulostaa kuitenkin aina kyseenalaiselta, varsinkin Suomessa. Kieltämättä näkemyksissä ja elämäntyylissä on eroja maan eri osien välillä, mutta Helsinki on kuitenkin yhtä 'todellista' Suomea kuin mikä tahansa muu paikka. Usein asetetaan vastakkain helsinkiläisten sulkeutuneisuus ja muiden suomalaisten avoimempi, ystävällinen luonne. On luonnollista, että helsinkiläiset ovat vakavampia — elämä suurkaupungissa ei ole mikään vähäpätöinen asia. Sen sijaan välitön ystävällisyys luontuu helpommin ihmisille, joilla on enemmän aikaa.

These attitudes, as well as many others, are not peculiar to Helsinki. But "Don't go to Helsinki if you want to see the real Finland", the Finns say. The advice is familiar. An Englishman will tell you the same about London, especially if he is from the north. The advice is always dubious. In Finland it is more so than usual. Without question there are differences in outlook and lifestyle from one end of the country to the other. But the city is as much 'real' Finland as any other part of the country. A frequent contrast is made between the quieter seriousness of the Helsinki resident and the more open, friendly nature of the Finns in the rest of Finland. Helsinki is naturally more serious; the business of big cities is no trivial matter whereas people with more time on their hands find it easier to be friendly more quickly.

Koska Helsinki on koko maan teollisuuden ja liikenteen keskus se pysyy hyvin yhteydessä koko sen pohjoispuolelle levittäytyvän valtaisan alueen kanssa, jota se palvelee. Tämä tuntuu hämmästyttävältä, kun otetaan huomioon Helsingin maantieteellinen sijainti — kaupunkihan kyyköttää Euroopan viidenneksi suurimman valtion eteläreunalla. Yhteyksiä pidetään kuitenkin myös ihmisten kesken, ei vain talouselämässä, sillä helsinkiläiset viettävät kesänsä ja hiihtolomansa mökeillään maalla. Monet ihmiset ovat muuttaneet asumaan ja työskentelemään Helsinkiin muualta Suomesta (poliitikkoja huolestuttava suuntaus, koska he pelkäävät muun maan tyhjenevän). Helsinkiläismaisema järvineen, lahtineen, saarineen ja metsineen on kuitenkin samanlainen kuin maisemat muualla Suomessa.

Kaikki helsinkiläiset eivät kuitenkaan kunnioita ympäröivää luontoa, vaikka sitä voisi heiltä tämän vuoksi odottaa — roskat korjataan pois kiitettävällä vauhdilla, mutta niitä tulee lisää aivan yhtä nopeasti. Silti yhteyksiä luontoon löytyy.

Ajatellaanpa vaikka kaupunginosien ja lähiöiden nimiä: Helsingin keskustassa on 'Kallio', länsipuolella 'Lauttasaari', ja pääkaupunkiseudulta löytyvät myös Lintuvaara, Tammisalo, Ruskeasuo, Pähkinärinne, Veräjämäki. Ja Pihlajamäki, Tontunmäki, Myllypuro sekä lukuisia muita samantapaisia nimiä. Kaikki ovat yksinkertaisia, puhtaita, käytännöllisiä, kuvaavia ja selvästi luonnonläheisiä.

In its function as a national industrial and communications centre, Helsinki keeps in touch with the huge area to the north which it serves. Its geographical position, perched on the southernmost tip of the fifth largest country in Europe, makes this more surprising. But its citizens, with their summer cottages and annual skiing holidays in the countryside, make it a practical and not only an economic contact. Many people have moved from other parts of Finland to Helsinki to work and live (a tendency which worries the politicians, who fear drastic depopulation in the rest of the country). In any case the scenery of lakes, inlets, islands and forests surrounding and penetrated by Helsinki is similar to that found in many other parts of Finland.

Not all of Helsinki's citizens have the respect for the natural environment which might therefore be expected of them: although they clear the litter away with admirable speed, they drop it just as quickly. But the links with nature do exist.

Look at the placenames of Helsinki's districts and suburbs. In the centre of the city there is Kallio, or 'rock'; to the west there is Lauttasaari, or 'ferry-boat island'; there is also Lintuvaara, or 'bird hill', Tammisalo, meaning 'oak woods', Ruskeasuo, 'brown swamp', Pähkinärinne, 'nut slope', and Veräjämäki, meaning 'gate hill'. Then, Pihlajamäki, 'rowan tree hill', Tontunmäki, 'gnome hill', and Myllypuro, 'mill stream'. And there are numerous other names like this. All are simple, unadulterated, practical, descriptive, and most strikingly rural.

Sää antaa helsinkiläisten tuntea luonnonläheisyyden kaikkein selvimmin. Vuodenaikojen vaihtelu tuskin vaikuttaa monessakaan maailman kaupungissa yhtä voimakkaasti kuin Helsingissä. Sen lisäksi kunkin vuodenajan epäsäännöllisyydellä on omat vaihtelevat vaikutuksensa: vaikka vuodenajat ovatkin melko hyvin ennustettavissa, kuukausi- tai viikkokeskiarvoihin ei juuri voi luottaa. Helsinkiläisten mukaan sää on aina harvinaisen jotakin — harvinaisen märkää, harvinaisen kuivaa, harvinaisen lämmintä, harvinaisen kylmää; on liikaa tai liian vähän sadetta, lunta tai aurinkoa. Helsinkiläiset pitävät säätään mielellään hieman erikoisena, vaikkei tässä ole menty aivan yhtä pitkälle kuin esimerkiksi Lontoossa; sää on jotain omakohtaista, joka vaikuttaa heidän asuinpaikkaansa aivan erikoisella tavalla. Digitaalilämpömittarit, joita on kaikkialla Helsingissä, ovat eräs osoitus tästä. Joka kodissa ja toimistossa on ikkunan ulkopuolella lämpömittari aivan käytännön syistä: sitä vilkaisemalla tietää, kuinka monta villapaitaa pitää pukea päälle tai tarvitaanko työmatkalla lakkia.

Nature's presence is most obviously felt through the climate. The passing of the seasons can influence few cities in the world to the same extent as Helsinki. Moreover, the differing conditions within the seasons have their own varying effects. While the seasons are generally predictable, monthly or even weekly averages are not helpful. In Helsinki, according to its populace, the weather is always unusually something: unusually wet, unusually dry, unusually warm, unusually cold, too much or too little rain, snow or sun. Although not to the same extent as, say, their London counterparts, Helsinki people like to glamourize their weather: they see it as something personal, affecting their own locality in a special way. The digital thermometers all over the city are a sign of this. The thermometers outside one window of every home or office serve a more practical purpose, providing advice as to how many pullovers to wear or whether to take a hat to work.

Kaupungin vuosi alkaa kesän lopulla kuten koulukin. Yöt pitenevät huomattavasti, ja tuntuu kuin ihmiset kokoaisivat voimiaan edessä olevien tylsien, ikävien päivien varalle. Pihlajanmarjojen verenpuna sekoittuu lehtien ruskeaan ja keltaiseen väriloistoon luonnon vuodenkierron räiskyvässä loppunäytöksessä. Viimeiset mustikat ja puolukat lakastuvat metsissä. Koivikoihin nousee kirkkaanpunaisia ja valkoisia kärpässieniä. Naiset suunnistavat koreineen keskuspuistoon ja metsiin sienestämään. Sitten yhtäkkiä, muutamassa päivässä, tuuli riisuu puut paljaiksi ja levittää hauraat lehdet maan peitoksi. Ensimmäinen pakkanenkin voi tulla, valkoisena ja härnäten, lupaillen kunnon talvea, johon on vielä pitkä aika. Sitten tulevat ihkusateet, ja syksy sulautuu talven ensimmäiseen vaiheeseen.

The city starts its year, like a school, at the end of the summer. Nights grow perceptibly longer and there is a sense of people bracing themselves for the dull drab days to come. The blood red of the rowan berries mingles with the flamboyant browns and yellows of the leaves, providing a final wild show of colour. The last blueberries and lingonberries shrivel in the woods. Bright red and white toadstools spring up near the birches. In the central park and in the forest women with baskets gather mushrooms. Then suddenly, perhaps in a few days, the wind strips the trees naked and their brittle clothes lie draped at their feet. The first frost may come, white and teasing, promising the real winter which is still a long way off. Then the rain comes in fine shrouds and the end of the autumn merges with the first stage of winter.

Talvessa on kolme erilaista vaihetta. Keskitalvi on Helsinkiä kauneimmillaan; alku- ja lopputalven aikana se on pahimmillaan. Ehkäpä suomalaisilla on mielessään juuri nämä ajat, kun he sanovat ulkomaalaisille, ettei Helsinki edusta koko maata. Talven eri vaiheet näkyvät myös muualla Suomessa, mutta ikävimmät piirteet ikäänkuin korostuvat pääkaupungissa.

Jokavuotinen alakuloisuus valtaa kaupungin alkutalvesta. Harmaita kasvoja harmaassa sateessa, kylmää räntää tuiskuaa mereltä. Ensilumi sataa märkänä, loskaantuu, ja jokainen päivä on lyhyempi ja pimeämpi kuin edellinen. Tuuli riuhtoo sateenvarjot rikki, ja hylättyinä ne räpiköivät jalkakäytävillä kuin loukkaantuneet linnut tai törröttävät bussipysäkkien roskalaatikoista. Tämä on turhauttavaa aikaa hiihtäjille ja luistelijoille: jokainen uusi lumisade herättää uutta toivoa, joka sammuu, kun lämpötila kipuaa taas nollan yläpuolelle.

Joulun paikkeilla lämpötila laskee sitten pysyäkseen, ja meri alkaa jäätyä. Nyt alkaa talven toinen vaihe, keskitalvi. Lumi ei enää loskaannu, vaan kasaantuu tuulen tuivertamiksi kinoksiksi, verhoten puut ja tarkertuen rakennuksiin. Jokaisen lumisateen jälkeen kokonainen armeija traktoreita, lumiauroja ja kuorma-autoja ryhtyy töihin, ja talonmiehet nousevat aikaisin aamulla lumitöihin lapioineen ja luutineen. Lumesta huolimatta lentokoneet pääsevät edelleen laskeutumaan Helsinki-Vantaan lentokentälle, bussit ja junat pysyvät aikataulussa, koulut ovat auki. Jokunen hylätty auto saattaa näkyä tienpuolessa lumeen hautautuneena, mutta nastarenkaiden ansiosta onnettomuuksilta yleensä vältytään.

Winter has three recognisable stages. The second shows Helsinki at its most attractive. The first and last show the city at its worst. Perhaps when Finns advise a visitor that Helsinki is not typical of the country as a whole they are thinking of these times of the year. These seasonal stages are evident in other parts of Finland also, but a country's worst features are more intensely apparent in its capital.

An annual depression descends on the city during the first stage of winter. Grey faces squint against grey rain, cold sleet blows in from the sea. The first snow falls wet, turning to slush, and each day grows a little shorter and darker. Umbrellas blow inside out, flapping like crippled crows on the pavement or poking from bins at bus stops. This is a frustrating time for skiers and skaters, whose hopes are aroused by each new fall of snow then dashed as the temperature creeps back above zero.

Then about Christmas the drops in temperature last longer and the sea starts to freeze. This is when the second stage of winter starts. The snow no longer turns to slush but gathers in wind blown ripples, lining the trees and clinging to the buildings. After each new heavy fall of snow an army of tractors, ploughs and lorries sets to work and the caretakers are up early in the mornings with their shovels and brooms. But the planes still land at the Helsinki-Vantaa airport, the buses and trains are still on time, the schools stay open. There is the occasional abandoned car entrenched in a drift beside the road, but the special studded tyres on every vehicle ensure that there are few accidents.

Aurinkokin näyttäytyy taas, matalalla merenpuoleisessa horisontissa. Päivät ovat kirpeitä ja hieman pitempiä. Hengittäessäsi äkkiä sisäänpäin tunnet, kuinka sieraimesi huurtuvat. Jos jää on tarpeeksi kantavaa, autoille ja busseille avataan tie jään yli Suomenlinnaan. Lauttasaaressa Saunaseura tekee avannon meren jäähän; vesi on jään alapuolella lämpimämpää kuin ilma sen yläpuolella. Sorsat kyyhöttävät siltojen alla, missä vesi joskus pidetään niille sulana. Jäänmurtajat pitävät sataman auki Ruotsin laivoille, jotka liikennöivät päivittäin. Jäämassa myllertää ja huuruaa niiden perässä kuin noidankattilassa.

Vain hölmön tai uhkarohkean päässä ei ole lakkia tässä säässä. Kunnollisissa varusteissa ilma on kuitenkin reippaalla tavallaan miellyttävää, ja helsinkiläiset ulkoilevat ellei ole liian kylmää.

The sun reappears, low on the seaward horizon. Days are brisk and a little longer. You breathe in sharply and feel the beads of frost in your nostrils. If the ice is thick enough the ice road to Suomenlinna opens for buses and cars. At Lauttasaari to the west the sauna club makes a hole in the ice for bathing: the water beneath the ice is warmer than the air above it. Huddled ducks congregate beneath the bridges, where the water is sometimes kept unfrozen for them. The icebreakers keep the harbour open for the Stockholm ferries which depart and arrive each day. The broken ice swirls and steams behind them like a cauldron.

It's a brave or stupid head that doesn't wear a hat at this time. But if you're dressed in the right clothes the air can be crisply pleasant, and people are out as long as it's not too cold.

Aikainen sunnuntai-iltapäivä, muutama aste pakkasta. Helmikuu. Aurinko on matalalla kalpean sinisellä taivaalla. Hiihtäjärivi heittää pitkää varjoa Keskuspuiston metsikössä. Parvekkeella seisoo turkislakkinen mies pitkässä takissa salaa tupakalla. Jäällä kiitää luistelija, toinen käsi selän takana, ja jääsurffaajan punainen purje viilettää horisontissa. Pilkkijät kykkivät avantojensa ääressä. Lapset muhkeissa turkislakeissaan telmivät kiljahdellen alas valkoista rinnettä, jonka pulkat ja kelkat ovat hioneet jäiseksi. Lämpimästi pukeutuneita ihmisiä seisoskelee silmät ummessa palvomassa kevätauringon ensimmäisiä ruskettavia säteitä, joita hopeapaperi leuan alla tehostaa. Kivet työntyvät jään pinnan läpi, joka murtuu kuun kraaterimaisemaksi. Tällaista talvipäivän tunnelmaa tuskin löytyy mistään muualta kuin Helsingistä.

An early Sunday afternoon with five or six degrees of frost. February. A low sun in a pale blue sky. A line of skiers casts long shadows between the trees in the central park. On a balcony, a man in a long coat and a fur hat draws furtively on a cigarette. Out on the sea a skater glides along, one hand behind his back, and the red triangle of a surfer's sail drifts on the horizon. Fishermen squat on boxes, leaning over holes in the ice. Children wearing fur hats twice as big as their heads shout and tumble down white slopes worn shiny with to-boggans and plastic sacks. Well-clad figures stand with eyes closed and faces bared to the sun like worship-pers, with sheets of silver foil under their chins, hoping for a tan. Rocks poke through the ice which cracks in the form of lunar craters. On a day like this, there is nowhere else in the world to compare with Helsinki.

Vähitellen, auringon noustessa päivä
päivältä yhä korkeammalle, natiseva
jää murtuu kelluviksi jäälautoiksi. Van-
noutuneimmat pilkkimiehet kyykkivät
vielä jäällä vaaraa uhmaten, ja viimei-
set hiihtäjät etsiytyvät varjoisimmille la-
duille metsässä. Eirassa ja Kalliossa ka-
toilta sulava lumi tipahtelee kylminä pi-
saroina jalkakäytäville. Märkä, sulava
lumi peittää metsän sakeaan, valkoi-
seen sumuverhoon, joka hälvetessään
harmaana paljastaa katkenneita suksi-
sauvoja, tyhjiä pulloja, koiranjätöksiä ja
muuta roskaa. Talvi on lopuillaan. Leh-
dettömät oksat näyttävät taas paljailta,
ja kadut harmailta lumen ja pakkas-
huurteen valkoisen välkkeen jälkeen.
Viimeinen, uhmakas lumisade saattaa
vielä yllättää kaupungin, ja silloin tun-
tuu kuin alkava kevät olisi pettänyt lu-
pauksensa. Mutta jokakeväinen opti-
mismi, joka herää talven selän taittues-
sa, on yhtä käsinkosketeltavaa kuin syk-
syn alakuloisuus talven edellä.

Gradually, as the sun rises a little higher every day, the groaning ice creaks and cracks into cake-like slabs. A few devoted fishermen still squat precariously but the last skiers retreat to the more shaded tracks in the darker corners of the forest. The thawing snow falls from the roofs in Eira and Kallio, splattering on the pavements. The damp melting snow in the woods gives off a thick mist; the white curtain turns grey as it pulls back, revealing broken ski sticks, empty bottles, dog turds and other debris. The third stage of winter has arrived. The leafless branches again seem dull and the streets are grey after the white sparkle of the hoar frost and snow. There may be a last defiant fall of snow, and for a day or two it seems that the promise of spring has been broken. But the annual air of optimism which comes at the end of the winter

Kevään huuma pulppuaa helmeillen valloilleen vappuna Kaivopuistossa, jonne valkolakkiset ylioppilaat kokoontuvat samppanjapulloineen ottamaan kevättä vastaan. Maisema ei kyllä vieläkään anna paljon toivoa — puut ovat edelleen paljaita ja rannoilla kelluu likaisen harmaa jää. Mutta samppanjapulloröykkiön kasvaessa kuraisella ruohikolla ilmassa väreilee jo lupaus jostain paremmasta.

This optimism bubbles out with the champagne in Kaivopuisto on May 1st, when the students gather there in their white hats. Not that the scenery yet gives much cause for hope: the trees are still bare, and dirty grey ice still bobs against the shore. But there is an air of better things to come as the pile of empty champagne bottles grows higher on the muddy grass.

Kevät puhkeaa aivan yllättäen. Sen saapuminen on yhtä suuri yllätys kuin lehtien putoaminen syksyllä. Metsät peittyvät vuokoihin, ja omenapuut kukkivat puutaroissa. Päivät tulevat valoisammiksi ja itemmiksi, ja koivunlehtien hento viheä syvenee. Linnanmäki avataan, katuoittajat tuovat kitaransa katetuilta auppakujilta ulos Esplanadille ja kaupatorille. Matot tuodaan Kaivopuiston ntaan ja pestään suolaisessa vedessä uulaitureilla. Vanhoja miehiä seisoskee puistossa tuijotellen mietteliäinä uurta šakkilautaa.

Spring arrives in a sudden burst. Like the departure of the leaves in autumn, its arrival is a surprise. There are wood anemones carpeting the forest and apple blossom in the orchards. The days grow longer and lighter and the lime-green birch leaves grow darker. The funfair at Linnanmäki opens, buskers bring their guitars out of the sheltered precincts and into the Esplanadi and the market place. By the sea, near Kaivopuisto, people bring their carpets and wash them in the brackish sea-water on wooden jetties. Old men stand, gazing thoughtfully at giant out-door chessboards.

Juhannus, Mittumaari, tarkoittaa keski-kesän juhlaa, mutta nimi on harhaan-johtava — itse asiassa se on kesän alku, vaikka yöt alkavatkin tummua sen jäl-keen. Juhannusaattona suurin osa kau-punkilaisista lähtee vapaaehtoiseen evakkoon maalle kesämökeilleen ja saunoilleen. Kaupungin juhannusta vie-tetään raittiin muodollisesti Seurasaaren ulkoilmamuseossa tanssien, perinne-häitä juhlien, virvokkein ja kokoin. Mustikkamaalla, kaupungin itäpuolella, kokot ovat pienempiä, juomat vahvem-pia ja juhlijat nuorempia.

Midsummer is a misnomer: it is really the season's beginning, even though the nights grow a little longer from then on. On Midsummer Eve itself much of the city evacuates to the countryside, to the summer cottages and saunas. But in the city the celebrations proceed with sober formality at Seurasaari, the open air museum of old Finnish buildings, with dancing, a traditional midsummer wedding, soft drinks and bonfires. The bonfires are smaller, the drink is stronger and the average age is lower at Mustikkamaa on the eastern side of the city.

Saunakausi on meneillään. *Varsinainen saunakausi* — suomalaiset saunovat koko vuoden, mutta kesällä tämä harrastus on vilkkaimmillaan ja itse rituaali parhaimmillaan. Joka järvelle riittää saunojia, jotka märkä iho höyryten sukeltavat vilvoittavaan veteen. Saunaolut pidetään kylmänä muovikassissa laiturin alla. Voimakkaaseen savun hajuun sekoittuu grillimakkaran tuoksu. Koivuvihtojen läiske märkään ihoon kiirii kauas.

Tätä rituaalia säätelevät luonnollisesti monet säännöt, vakiintunut järjestys, jota on noudatettava. Sen muodollisuus ei kuitenkaan ole jäykän kankeaa. Luonto merkitsee paljon suomalaisille, mutta luonnon helmassa ei olla luonnontilassa: ennen maalle lähtöä kaikki valmistellaan ja suunnitellaan huolellisesti, ruokalistatkin viimeistä hapankorppupalasta myöten.

The sauna season is under way. The *true* sauna season: all Finns have access to a sauna at all times of the year, but summer is when the ritual is most often performed, and when the practice is most enjoyable. Hardly a lake near the city is unrippled by the plunging of bathers, their wet skin steaming. In plastic bags beneath the jetty, bottles of beer are cooling. There is a rich smell of wood smoke mingled with that of sausages cooking on an open fire. There is the swish of birch twigs slapping on wet skin.

There are, of course, many rules to be followed during this procedure, an established order to be observed. But the formality is pleasant and relaxed. For all his enjoyment of nature, a trip to the countryside leaves few spon-

Helsinkiläiset ottavat kaiken irti kesästään tietoisina siitä, kuinka lyhyt se on: konserteista nautitaan ulkosalla, erityisesti Kaivopuistossa ja Suomenlinnassa; punkkarit ja eläkeläispariskunnat, teinitytöt ja amerikkalaisturistit kansoittavat Esplanadin katukahviloita tai kuljeskelevat puiden suojassa jäätelötötteröä nuoleskellen. Miehet jonottavat olutta kuumissaan paitahihasillaan. Pilvettömänä iltana aurinko laskee vitkutellen, ja päivänvaloa riittää vielä kello kymmenenkin jälkeen.

Purjehdussatamat täyttyvät purje- ja moottoriveneistä, merellä näkyy värikkäitä purjeita, ja auringonpalvojat paistattelevat päivää kallioilla ja hiekkarannoilla.

Elokuussa yöt ovat jo paljon pitempiä, puut näyttävät kuivettuneilta, sadekuurot ja tuuli ovat viilentyneet. Ympyrä on sulkeutunut, ja kaupunki käpertyy jälleen kokoon.

*B*ack in the city Helsinki enjoys its summer, knowing it is short-lived. There are concerts in the parks, especially in Kaivopuisto and at Suomenlinna. Punks and old couples, young girls and American tourists sit in the outdoor cafes in Esplanadi or walk beneath the trees eating ice cream. Men in their shirt sleeves stand sweating in the queue for a beer. On a clear evening the sun sets slowly and there is perfect daylight until well after ten.

Yachts and motor boats cram the marinas, there are coloured sails out on the sea and there are sunbathers basking on the rocks and small beaches.

In August the nights get noticeably longer. The trees begin to look tired and dry. The showers and wind are cooler. The cycle is complete and the city braces itself again.

Vuoden kiertokulkua piristävät monet viralliset tai perinteiset juhlapäivät. Itsenäisyyspäivä on on joulukuun kuudentena päivä-nä: valkolakkisten ylioppilaiden soihtu-kulkue kulkee Hietaniemen hautaus-maalta Senaatintorille; presidentti kät-telee vieraitaan linnansa juhlavastaan-otolla (hänestä varmaan tuntuu, ettei vierasjono lopu koskaan!), ja iltakuu-delta joka kodin ikkunoille sytytetään kaksi kynttilää. Tapa on hyvin liikuttava — harva maa juhlii itsenäisyyttään niin vaatimattomasti ja kuitenkin niin yl-väästi.

*T*he year is punctuated by various official and traditional festivals. Independence Day on December 6th: a procession of white-capped students bearing flaming torches makes its way from the military cemetery at Hietaniemi to the Senate Square. The President shakes what must seem to him like a million hands at the palace, and a formal dance follows. At six in the evening two candles are lit in the windows of each flat or household. It is a touching occasion. There are few countries in the world who celebrate their independence so modestly yet so proudly.

Joulunalusaika muuttuu vuosi vuodelta kaupallisemmaksi niin kuin muuallakin. Joulukuussa ripustetaan Aleksanterinkadulle aina samat joulukoristeet ja -valot. Kaupoissa jonotetaan kärsimättöminä, ja bussit ovat täpötäynnä. Tohina ja touhu on kuitenkin varmasti oikeutetumpaa täällä kuin muualla — talvi ei ole helppoa aikaa Helsingissä, joten keskitalven juhla synkkyyden hälventämiseksi on hyvin ansaittu.

Jouluaattona sytytetään haudoille kynttilät ja annetaan lahjoja, mutta itse joulupäivänä juhlinta latistuu: päivää vietetään hillitysti perhepiirissä, ravintolat ovat kiinni, kadut autiot ja bussiliikenne pysähdyksissä. Toisena joulupäivänä — tai Tapaninpäivänä, jolla nimellä se tunnetaan — ravintoloiden pöydät ovat kuitenkin varattuja ja pienet tanssilattiat tungokseen asti täynnä. Uudenvuodenaattona ihmiset kokoontuvat jälleen Senaatintorille, ja uudenvuodenjuhlissa ennustetaan tulevan vuoden tapahtumia valamalla tinoja.

The build-up to Christmas suffers more commercial over-kill each year, as it does anywhere else. The same decorations and lights are hung in Aleksanterinkatu, the main shopping street, each December. There are impatient queues in the shops and the buses are crowded. Yet the fuss is surely more justified here than in most places: winter in Helsinki is not an easy time and a midwinter festival to relieve the gloom is especially well deserved.

On Christmas Eve candles are lit by the graves in cemeteries and presents are exchanged, but Christmas Day itself is an anticlimax. It is a restrained, family affair. The restaurants are closed and the buses stop running. The streets are deserted. But on Boxing Day, or 'Tapaninpäivä' — St Stephen's Day — as it is known, the restaurant tables are fully booked and the tiny dance floors are packed. On New Year's Eve crowds gather again in the Senate Square, and at parties the shapes of tin horseshoes, melted over kitchen stoves then rehardened in bowls of water, foretell the future for the coming year.

Seuraavaksi tulee pääsiäinen ja Uspenskin katedraalin perinteinen ortodoksinen jumalanpalvelus. Ja sitten vappu: ilmapallokauppiaat ilmestyvät kaduille valtavine, värikkäine pallokimppuineen, ja kaupunkilaiset saavat juhlia avoimesti kaduilla joutumatta yöksi putkaan. Helsinki on vappuna äänekkäämpi, roskaisempi ja levottomampi kuin koskaan muulloin. Värikäitä serpentiinejä löytyy puista ja kuraisesta maasta vielä monta päivää myöhemminkin.

Sitten tulee juhannus juhlineen. Helsingissä, kuten muuallakin maassa, noudatetaan tiukasti liputuspäiviä — juhannuksena, itsenäisyyspäivänä, vapunpäivänä ja muina virallisina liputuspäivinä Suomen siniristilippu liehuu tangoissa. Vain toisinajatteleva talonomistaja on noudattamatta tätä tapaa.

Easter is next, with a traditional orthodox service at the Uspensky cathedral. Then there is May 1st, when men sell balloons from enormous multi-coloured bunches and when it is possible to drink openly in the street without consequently having to spend a night in a cell. Helsinki at Vappu, as this day is known, is noisier, messier and wilder than at any other time. Coloured serpentine remains trodden into the mud or wrapped around trees for many days.

Then comes Midsummer, or Juhannus, and its variety of celebrations. Helsinki, like the rest of Finland, strictly observes the custom of flying the blue cross of the Finnish flag at Midsummer, on Independence Day and May 1st, as well as on all the other official 'flag days'. It is a rebellious owner of a flag pole who fails to conform to this tradition.

Eteläsataman lähellä oleva Kauppatori on koko vuoden kaupungin sydän. Se on meren äärellä ja ulottuu Esplanadin puiston reunalta kohti Uspenskin katedraalia taustanaan Engelin rakennusten heleät värit. Talvella kauppatori kutistuu muutamaan urheaan vihannesmyyjään, ja kahvilateltan oven ylle ripustetaan houkutteleva kilpi: +20°C — nuoli osoittaa teltan sisälle, missä kaasulämmitin hehkuu. Pääsiäisenä torilla myydään värikkäitä sulkia ja tulppaaneja, ja vapunaattona opiskelijat valtaavat torin lakittaakseen alastoman Havis Amandan patsaan. Kesällä tulevat ensin mansikat, sitten mustikat, mustaherukat, valkoherukat, vadelmat, Lapin keltaiset lakat — valtavat keot kaikenlaisia marjoja, joita myydään litroittain. Kalakauppiaiden tiskillä on savumakrillia ja punertavia lohifileitä. Katusoittajia on kaikkialla, ja iltatoriyleisön viihdykkeeksi esitetään pantomiimia ja soitetaan jos jonkinlaista musiikkia.

*T*hroughout the year the market-place by the south harbour is the natural nucleus of the city, stretching along the waterfront from the end of the Esplanadi park towards the Uspensky cathedral in Katajanokka. The pastel colours of Engel's buildings provide an unchanging backdrop. In the winter the market shrinks to a few brave vegetable sellers and an inviting sign is hung over the coffee tent: +20˚C. An arrow points inside where a gas burner roars. At Easter there are coloured feathers and tulips for sale. On May 1st the students crowd the area and place a white hat on the statue of the nude Havis Amanda. In summer the strawberries come first, then the blueberries, blackcurrants, white-currants, raspberries, yellow cloudber-ries from Lapland, every kind of berry piled high and sold by the litre. The fish sellers offer smoked mackerel and pink slabs of salmon. There are buskers everywhere playing all kinds of music and mime theatres at the evening mar-ket.

Sienet ilmaantuvat torille syksyllä. Ruma muoto ja värit antavat aivan väärän kuvan niiden herkullisesta mausta. Silakkamarkkinoilla saaristolaiset myyvät kalaa ja voimakasta tummaa saaristolaisleipää suoraan veneistään. Kauppahallin suojissa vuodenaikojen vaihtelu ei häiritse kaupankäyntiä — lihaa ja kalaa, hedelmiä ja leipää myydään yhtä lailla kautta vuoden.

In the autumn the mushrooms appear, their ugly shapes and colours belying their delicate flavours. Then comes the herring week, with fish sold straight from boats from the archipelago and rich, dark bread from the Åland islands. In the shelter of the indoor market hall, meat and fish, fruit and bread are sold throughout the year in the same amounts, regardless of the passing of the seasons.

Jättiläismäiset Ruotsin laivat saapuvat satamaan aamuisin ja illalla ne taas lähtevät. Laivojen koko saa sataman näyttämään pieneltä, mutta toisaalta laivat myös laajentavat sitä — ne ja muut laivat Neuvostoliitosta, Puolasta ja Saksasta antavat satamalle kansainvälistä leimaa, tuovat tuulahduksen matkoilta ja kaukaisista maista. Lähtiessään ne vievät sen mukanaan, ja satama jää tyhjäksi ja odottamaan.

Helsingin merellisyys näkyy muuallakin. Uspenskin katedraalin toisella puolella keltamustat jäänmurtajat viettävät suuren osan vuodesta toimettomina ja mietteliään näköisinä. Aivan niiden lähellä, Hanasaaressa, hiililaivat tuovat lastinsa voimalaitoksen laituriin. Vuosaaressa Itä-Helsingissä on suuri telakka, jonka suuret nosturit liikkuvat kuin mekaaniset eläimet, ja lähempänä keskustaa, Munkkisaaressa, on toinen, jossa valtavia laivanrunkoja sukeltaa esiin telakkahallista kuin taikasauvan iskusta.

Each morning the giant ferries from Stockholm arrive and each evening they depart again. The vastness of the ships dwarfs the harbour and also enlargens it. While these ships, and others from the Soviet Union, Poland and Germany, are in port they lend a cosmopolitan atmosphere, a suggestion of travel and other lands. When they leave the ships take this suggestion with them and the arms of the harbour are left empty and outstretched.

But Helsinki's maritime connections are apparent elsewhere. On the other side of the Uspensky cathedral from the market the yellow and black icebreakers spend much of the year brooding and redundant. Nearby, at Hanasaari, ships laden with coal dock at the power station. There is a large shipyard to the east at Vuosaari, where the huge cranes lope like mechanical animals, and another at Munkkisaari nearer the centre, at which looming hulls emerge from cavernous hangars as if at the wave of a wand.

Valokuvaaja löytää jotain mielenkiintoista kaikista näistä näkökohdista. Ne ovat mielenkiintoisempia, koska ne eivät aina ole niin ilmeisiä. Helsingissä on jotain tuoretta; helsinkiläiset kaikkine omituisuuksineen ja vastakkaisuuksineen ovat yleensä vilpittömiä ja vaatimattomia, heidän asenteissaan ei ole teeskentelyä eikä hienostelua. He eivät mielellään asetu kuvattavaksi. Lisäksi Helsingin nähtävyydet ovat lähes tuntemattomia — esimerkiksi Tuomiokirkko on valokuvauksellisesti neitseellinen verrattuna Eiffeltorniin, Pietarinkirkon aukioon tai Vapaudenpatsaaseen. Ulkopuolinen näkee nämä asiat eri tavalla kuin syntyperäinen helsinkiläinen. Talviset toimet jäällä — jo pelkästään se, että meri jäätyy — , romanttiset näkymät Suomenlinnasta, sen kanuunat ja linnoitukset, sauna, Kauppatori ja arkkitehtuuri — kaikki on erilaista ja eksoottista, ja uutuuden viehätys pysyvää.

In all these aspects there is something interesting for the photographer. They are more interesting because they are not always so obvious. There is a freshness about Helsinki: its citizens, for all their peculiarities and contradictions, are for the most part unpretentious and unassuming. There is little affectation or snobbery in their attitudes. They are not good posers. Then there is the unfamiliarity of the landmarks such as the Lutheran cathedral, photographically virginal in comparison with, say, the Eiffel Tower, St Peter's Square or the Statue of Liberty. Moreover, a visitor can see these things in a different way from someone who has spent all or most of his life in Helsinki. The activities on the frozen sea in winter, the simple fact that the sea freezes, the romantic views from Suomenlinna, with its cannons and fortifications, the saunas, the character of the market place and of the architecture: all are exotic and strange and their novelty is lasting.

Siitä huolimatta valokuviin voi tallentaa vain näkymiä — kaikesta muusta, esimerkiksi hajuista ja äänistä, valokuvat voivat antaa vain aavistuksen. Helsingillä on ominaishajunsa ja -äänensä: oranssinkiiltävän metrojunan kimakka humina metroasemilla ja metrojunien pistävä muovin haju; kaikuva rytmikäs matonpiiskaus aamuvarhaisella; miesten ruma rykiminen ja miehekkyyden todisteeksi roiskaistu sylky bussipysäkillä; mansikoiden ja kukkien tuoksu, viulu- ja haitarimusiikki toreilla; kääntyvän raitiovaunun räminä; hajuveden tuoksahdus hehkeältä iholta; kiroilevien juoppojen kovat ärräpäät; oluen pehmyt tuoksu panimolta Bulevardilla ja lihapiirakoiden haju rautatieasemalla.

Even so, photographs can only express appearances and can only hint at o suggest other aspects such as soun and smell, and Helsinki is a city with it own special sounds and smells. Ther is the shrill humming of the slee orange metro trains as they pull int and out of the stations and the shar plastic odour of the metro carriages There is the echoing rhythmic thud o early morning carpet-beating; the ugl hawk and spit of men at bus stops who deliver their phlegm as a mark o manliness. There is the scent of straw berries and flowers, the music of v olins and piano accordions in the ma kets; the rattle of a tram rounding corner; the waft of perfume from so pink necks; the harsh rolling r's of th swearing drunks; the warm smell o beer from the brewery at the end o Bulevardi and of hamburgers at th railway station.

Helsinki ei ole rakkautta ensisil-
mäyksellä. Se on kaupunki, jo-
hon tutustuminen vaatii aikaa ja
joka paljastaa luonteensa hitaasti
a vähitellen. Se on yhtaikaa kova ja ys-
ävällinen, hillitty ja hillitön, kevytmie-
inen ja ankara, mukava ja ärsyttävä.
Paradoksien kaupunki' ei ole pelkkä
merkityksetön klisee Helsingistä puhut-
aessa.

ässä yhteiskunnassa nuoriso heittäytyy
nnolla kapinallisiin muotivirtauksiin,
otka sulautuvat siihen helposti. Tämä
on joukkuehenkinen yhteiskunta, jossa
ksilökin voi menestyä; täällä protesti-
äänet huomataan, mutta protestiäänet
ovat usein vastahakoisia; asenteet ovat
huomattavan vanhoillisia, mutta avolii-
ot hyväksytään epävirallisina avioliittoi-
a. Täällä tavallisesti niin säyseä kansa
oi puhjeta kiivaaseen isänmaallisuu-
een. Täällä taivas on kirkkaimman sini-
en ja synkimmän harmaa. Täällä il-
nasto, vaikkakin ankara, ei kykene py-
äyttämään kulttuurin, järjestyksen, tek-
ologian ja nykyaikaisuuden kehityskul-

Helsinki is not a city to fall in love with at first sight. It is a city which takes time to get to know, revealing its character slowly and gradually. It is at once hard and friendly, orderly and unreasonable, light-hearted and severe, comfortable and irritating. It isn't a meaningless cliche to say that it is a city of paradox.

Here is a society whose youth eagerly take up rebellious fashions, but a society which absorbs such fashions readily. It is a teamlike society in which individuals can prosper; in which voices of protest are heeded but in which such voices are often reluctant; where conservative attitudes are prominent but where unmarried couples are accepted as unofficially married. It has a populace whose character, though normally mild, can explode with patri-

*T*ätä kaupunkia ei voi kuvata sanoilla 'mahtava' ja 'upea', mutta ei myöskään usein sanoilla 'viehättävä' tai 'kaunis'. Sitä ei helposti oteta omaksi. Se on kaupunki, joka haluaa, että siihen suhtaudutaan vakavasti — joskus se yrittää liikaa ja joskus ei tarpeeksi. Helsingin tulevaisuus on vakaampi kuin monen muun kaupungin. Maaltamuuttajat voimistavat ja kehittävät Helsingin identiteettiä, joka on hallittu, mutta ei liiaksi perinteiden kahlitsema. Eräät kaupunkilaisuuden piirteet, toivotut ja epätoivotut, voimistuvat: graffiti yleistyy, tulee rumemmaksi ja hienostuneemmaksi, väkivalta ja vandalismi lisääntyvät. Kaupungin infrastruktuuri uudistuu jatkuvasti: vanhoja julkisivuja säilytetään, vaikka sisus leikataan pois ja uudistetaan; uusia johtoja ja raitiokiskoja asennetaan jatkuvasti. Helsinki on ennen kaikkea kaupunki, jolla on tulevaisuus, jonka kasvot muuttuvat alati ja ulkomuoto vaihtuu koko ajan, ja juuri kun luulee tuntevansa sen läpikotaisin, se hätkähdyttää uudella yllätyksellä.

Helsinki 1986

It is a city which cannot be described with words such as 'grandeur' or 'splendour', but to which 'charm' or 'quaintness' can only rarely honestly be applied. Its appeal is not for the seeker of easy thrills. It is a city which wants to be taken seriously, sometimes tries too hard and sometimes not hard enough. The future of Helsinki is more assured than the future of most cities. The collection of refugees from all over Finland is fast developing a stronger, more confident identity, ordered but not excessively restricted by too much superfluous tradition. Some features of urban life, desirable and undesirable, will increase and are increasing; the graffiti thicken, becoming uglier and more sophisticated, violence and vandalism may become more commonplace. But the city's infrastructure is continuously renewed: old facades are preserved while their interiors are surgically gutted and modernised; new pipes and tramlines are endlessly laid. It is more than anything a city with a future, whose face is always changing and looks set to continue changing and which, having seemingly revealed itself in its entirety, still has the power to startle with a new surprise.

Helsinki 1986

Helsingin historia lyhyesti

1550	Ruotsin kuningas Kustaa Vaasa perusti Helsingin. Kaupungin nimi juontaa juurensa Helsinglandista Ruotsissa — Helsingin ruotsinkielinen nimi on Helsingfors. Kaupunki perustettiin Helsinga-joen, nykyisen Vantaanjoen, suulle.
1640	Kaupunki siirtyi etelämmäksi ja lähemmäksi merta.
1710	Helsingissä riehui rutto . . .
1713	ja tulipalo.
1748	Suomenlinnan linnoitussaaren (ruotsiksi 'Sveaborg') rakentaminen aloitettiin.
1808—09	Sota Venäjän ja Ruotsin välillä johti Suomen suuriruhtinaskunnan syntymiseen: Suomi erotettiin Ruotsista, mutta siitä tuli osa Venäjän keisarikuntaa. Helsingin asukasluku oli 4 000.
1812	Tsaari Aleksanteri I päätti siirtää Suomen pääkaupungin Turusta idemmäksi, Helsinkiin.
1852	Tuomiokirkko valmistui Engelin suunnittelemalle uusklassiselle hallinto- ja yliopistoalueelle. Helsingin väkiluku oli 20 000.
1900	Helsingin väkiluku oli 90 000.
1901	Saarisen, Lindgrenin ja Geselliuksen suunnittelema Kansallismuseo valmistui.
1917	Joulukuun kuudentena Suomi julistautui itsenäiseksi Venäjän vallasta. Väkiluku 150 000.
1919	Eduskunta valitsi Suomen ensimmäiseksi presidentiksi K.J. Ståhlbergin.
1931	J.S. Sirenin suunnittelema uusi eduskuntatalo valmistui Mannerheimintielle.
1939—40	Talvisota.
1941—44	Jatkosota.
1952	Olympialaiset pidettiin Helsingissä.
1955	Neuvostoliitto palautti Helsingin länsipuolella sijaitsevan Porkkalan Suomelle.
1972	Helsingin, Espoon ja Vantaan asukasluku oli 750 000.
1971—75	Alvar Aallon suunnittelema Finlandia-talo valmistui.
1975	ETYKin päätösasiakirja.
1983	Maailman ensimmäiset yleisurheilun maailmanmestaruuskisat pidettiin Helsingissä.
1985	ETYKin päätösasiakirjan kymmenvuotisjuhla.

Viitteet

Ss. 48—49 Gustav Strengell ja Sigurd Frosterus: 'Arkkitehtuuri: taistelukirjoitus' (Architecture: a challenge; 1904). Lähde: Abacus, Suomen rakennustaiteen museon vuosikirja 3/82. Englanninkielinen käännös: The English Centre.

Tilastotiedot D. G. Kirbyn teoksesta 'Finland in the 20th Century' (C. Hurst & Co Ltd, London 1979).

Sydämelliset kiitokset Tiina Lohikolle hänen käännöksestään ja neuvoistaan. Kiitokset myös Gillian Häklille ja Maija Pellikalle heidän ehdotuksistaan ja rohkaisustaan.

A Brief History of Helsinki

1550	Helsinki was founded by the Swedish king, Gustav Vasa. The city gets its name from the people of Helsingland in Sweden — the Swedish name for Helsinki is 'Helsingfors'. It was founded at the mouth of the river Helsinga, now the Vantaa river.
1640	The city moved south to its present position nearer to the sea.
1710	Helsinki was struck by a plague . . .
1713	and destroyed by fire.
1748	Construction of Suomenlinna (in Swedish, 'Sveaborg'), the island fortress in the entrance of the harbour, was begun.
1808—9	The war between Russia and Sweden led to the creation of the Grand Duchy of Finland: the country was finally separated politically from Sweden, but became part of the Russian Empire. Helsinki's population — 4,000.
1812	Tsar Alexander I decided to move the capital of Finland from Turku, in the west, further east to Helsinki.
1852	Work was completed on the Lutheran cathedral at the centre of the new neo-Classical administrative and university area designed by C. L. Engel. Helsinki's population — 20,000.
1900	Helsinki's population — 90,000.
1901	The National Museum, by Saarinen, Lindgren and Gesellius, was finished.
1917	On December 6 Finland declared its independence from Russia. Population 150,000.
1919	The Parliament in Helsinki elected Finland's first president, K. J. Ståhlberg.
1931	The new Parliament building in Mannerheimintie, designed by J. S. Siren, was completed.
1939—40	The 'Winter War' between Finland and the Soviet Union.
1941—44	The 'Continuation War' between Finland and the Soviet Union.
1952	Helsinki was host to the Olympic Games.
1955	The Porkkala base, to the west of Helsinki, was returned from the Soviet Union to Finland.
1972	The combined population of Helsinki, Espoo and Vantaa reached about 750,000.
1971—75	Alvar Aalto's Finlandia Concert and Congress Hall was completed.
1975	The Helsinki Accords: the Final Act of the Conference on Security and Cooperation in Europe.
1983	The first World Championships in Athletics were held in Helsinki.
1985	The tenth anniversary of the Helsinki Final Act.

Acknowledgements

p. 48—49 Arkkitehtuuri: taistelukirjoitus (Architecture: a challenge; 1904) by Gustav Strengell and Sigurd Frosterus. Taken from Abacus, the Yearbook of the Museum of Finnish Architecture 3/82. English translation by the English Centre.

Statistics from 'Finland in the 20th Century' by D. G. Kirby (C. Hurst & Co Ltd, London 1979).

Heartfelt thanks to Tiina Lohikko for her translation and advice. Thanks also to Gillian Häkli and Maija Pellikka for their suggestions and encouragement.